*R 2880

Amsterdam
1751

Gordon, Thomas

Discours historiques, critiques et politiques sur Tacite

janvier   Tome 2

AE 9.71. pte
╬ a-2.

2880

4745.

DISCOURS
HISTORIQUES,
CRITIQUES ET POLITIQUES
SUR
TACITE.

DISCOURS
HISTORIQUES,
CRITIQUES ET POLITIQUES
SUR
TACITE.

Traduits de l'Anglois
DE Mʀ TH. GORDON.
Par Mʳ D. S. L.
NOUVELLE ÉDITION.

TOME SECOND.

A AMSTERD
Chez FRANÇOIS CHA...
M. DCC. LI.

DISCOURS
HISTORIQUES,
CRITIQUES ET POLITIQUES
SUR
TACITE.

PREMIER DISCOURS,
De l'aviliffement univerfel des efprits, &
de la flatterie qui accompagne le
pouvoir fans bornes.

SECTION I.
Réflexions fur les motifs de la flatterie, combien elle eft méprifable, & quelle en eft la fource.

JE vais dire à préfent quelque chofe fur l'extrême abâtardiffement des Romains fous les Empereurs. La flatterie croît à proportion de la puiffance qu'on craint. Lorfque les Loix

A iij

& la Liberté sont en vigueur, que les hommes ne tiennent point leurs biens & leur vie du bon plaisir d'une ou de peu de personnes, cela leur donne un caractère fier & revêche qui ne s'accorde pas avec la bassesse d'esprit, & la flatterie. Les hommes ne flattent point ceux qu'ils osent croire ne valoir pas mieux qu'eux-mêmes, ou qui n'ont aucun pouvoir de leur faire du mal; ils ne rendent pas de grands respects à des titres pompeux qui ne sont pas accompagnez d'une grande autorité, ou qui ne sont point soutenus par la superstition: car elle asservit les hommes autant qu'un pouvoir réel qu'elle est capable de conférer. La Tyrannie par conséquent n'est jamais si entiére que quand le Souverain Magistrat est le premier Pontife comme étoient autrefois les Soudans d'Egypte & de Bagdat ; ou, ce qui est presque la même chose, quand le Souverain a le pouvoir de créer ou de déposer le Pontife comme font les Empereurs Turcs. Il est donc vrai que lorsque les hommes tiennent leurs biens & leur vie de la pure bonté d'un autre ils le craignent autant qu'ils s'aiment eux-mêmes, & le flattent à proportion de leurs craintes; *Omni exuta aqualitate jussa Principis aspectare:*

si l'autorité du Prince est limitée, la flatterie le sera aussi; elle est sans bornes si l'autorité l'est de même. L'esprit de Cour, & l'adulation l'emportent moins dans une Monarchie mixte que sous une qui est arbitraire; dans un Gouvernement Aristocratique que dans une Monarchie illimitée, & moins à proportion dans un Gouvernement populaire. La parfaite égalité fait évanouir la flatterie, & une Souveraineté absolue la fait monter au plus haut degré.

Plus un Prince est malavisé & méchant, plus on lui donne d'encens. C'est le plus sûr moyen de s'insinuer dans les bonnes graces d'un Tyran que de consacrer toutes ses injustices & de le représenter à lui-même comme digne de son élevation & capable de remplir lui seul les postes les plus éminens de l'Empire. *Tibere*, qui avoit beaucoup de discernement, haïssoit la flatterie parce que sa pénétration la lui faisoit connoître; il voyoit bien que ceux qui la lui prodiguoient davantage, tels que les Grands & le Sénat, redoutoient & par conséquent haïssoient son pouvoir, tout autant que lui qui connoissoit parfaitement la nature & le bonheur de la Liberté, auroit craint & haï un homme qu'il auroit vû à la place s'il eût été à la leur. Il savoit que la flatterie & la haine vont souvent de compagnie : de sorte que ceux qui ressentent le plus de haine sont ceux qui montrent au dehors le plus d'affection : il y va de leur vie de laisser échapper quelque signe de haine ; & plus elle est forte, plus on a besoin d'art & de circonspection pour la cacher. *Jules César* se vit chargé d'honneurs de toutes les sortes, & avec excès ; quelques-uns de ses honneurs qu'on ne rendoit qu'aux Dieux servoient à le rendre odieux tandis que ceux qui les lui conféroient, le détestoient, & ourdissoient des trames pour le perdre. On pratiqua les mêmes artifices dans les mêmes vûes, pour son Successeur *Octave*, qu'on nomma ensuite *Auguste*, au sujet duquel le discours équivoque de *Ciceron* n'échappa jamais à la mémoire de *Tibere*, *Ni juvenem laudarem, & tollerem*, « qu'il falloit louer ce jeune homme & l'enlever... » Cela faisoit que quoique *Tibere* ne pût supporter la Liberté Publique, il avoit en horreur la flatterie : *Libertatem metuebat, adulationem oderat*. Il voyoit qu'elle étoit le pur effet de l'Esclavage, convenable seulement à des Esclaves, & quoiqu'il ne voulût point abandonner la Souveraine puissance, quoiqu'il en parlât souvent, & qu'il témoignât beaucoup de répugnance à l'accepter, il avoit pourtant honte de la bassesse servile des Romains. *Etiam illum qui Libertatem publicam nollet, tam projectæ servientium patientia tædebat.*

Cependant sous le règne de *Tibere* on ne pouvoit s'abstenir de la flatterie sans danger : c'étoit un Prince très-jaloux de son autorité : il ne pouvoit digérer la moindre opposition, non pas même souffrir l'indépendance. Il étoit nécessaire & dangereux de le flatter, mais à mon avis, moins dangereux que nécessaire : je parle de ceux qui ne songeoient qu'à leur propre sureté & à se dérober à la fureur du Tyran. Il est vrai qu'il méprisoit les flatteurs, mais il leur faisoit rarement du mal ; & son caractère soupçonneux l'obligeoit naturellement à penser que ceux qui ne le flattoient point le méprisoient. Il est certain qu'il ne pardonna jamais la liberté des discours : il ne pouvoit souffrir les personnes dont le cœur étoit haut ; tôt ou tard il en méditoit la perte. Il étoit, dit *Tacite*, dangereux de ne point se servir de la flatterie, & dangereux de trop flatter : *adulatione, quæ moribus corruptis, perinde anceps si nulla & ubi nimia est.* L. *Pison* avoit déclamé contre les désordres de l'Etat & en particulier contre les poursuites pernicieuses des Accusateurs qui journellement faisoient des affaires à tous les honnêtes gens, leur tendoient des pièges & les intimidoient par leurs menaces; que pour lui il se disposoit à abandonner Rome. *Tibere* écouta ce discours de sang froid, il alla même jusqu'à adoucir *Pison* par de belles paroles : mais un cœur aussi vindicatif que le sien avoit beau s'empêcher d'éclater, sa colère ne fit que des impressions plus profondes. *Pison* fut assez long-tems après accusé de crime de lèse Majesté & auroit été condamné au dernier supplice s'il ne fût mort naturellement pendant le cours de la procédure. *Asinius Gallus* excita la fureur de ce Prince par une proposition qu'il fit au Sénat qui, dans le fond, étoit une chose obligeante pour lui. *Tibere* s'étoit plaint dans une Lettre écrite aux Sénateurs qu'à cause des complots & des pièges de ses ennemis il menoit une vie pleine d'inquiétudes, & de craintes, *Gallus* proposa qu'on le priât par une requête, qu'il voulût bien dire au Sénat les sujets de ses appréhensions, & lui permettre d'y remédier. Cela excita le courroux de *Tibere*; *Gallus* lui avoit déja deplû auparavant; il fut soupçonné de quelque projet trop ambitieux, & quoique dans l'occasion que je viens de rapporter il l'eût flatté, il ne put racheter sa vie de ce Tyran courroucé.

Comme la corruption dans un Etat, commence d'ordinaire par les Grands ou pour mieux dire, comme ce sont eux qui sont les premiers auteurs de la corruption, ils sont aussi les flatteurs les plus insignes; étant plus exposés aux regards du Prince, plus capables de lui donner de la jalousie, ils sont par conséquent plus portés à le flatter : *ruere in servitutem Consules, Patres, Eques quanto quis illustrior, tanto magis falsi ac festinantes.* Un Prince qui gouverne ou qui veut gouverner arbitrairement éleve aux emplois ceux qui ne lui demandent aucune raison de sa conduite ; qui louent tout ce qu'il fait ; & plus ils ont à gagner ou à perdre, plus ils font de bassesses & disent de flatteries : *primores civitatis quorum claritudo sua obsequiis protegenda erat.* Ils se dédommagent de leur servitude sur le Peuple, & sont aussi terribles à ceux qui leur sont soumis que flatteurs pour ceux qui sont au-dessus d'eux : ce sont les Esclaves les plus rampants qui deviennent les Tyrans les plus insupportables. La même bassesse d'esprit les porte également à la flatterie & à l'oppression. On disoit fort justement de *Caligula* » qu'il n'y eût » jamais un Esclave plus complaisant ni un » Maître plus cruel & plus détestable ». C'est ainsi que la flatterie se répand & corrompt les hommes de toutes les conditions : le Prince tient les Grands en respect : & les Grands le flattent : les Grands oppriment le Peuple, s'en font craindre, & le Peuple craint & adore les Grands. Les Bachas sont les Esclaves du Grand-Seigneur, & les Peuples sont les Esclaves des Bachas.

Tacite entr'autres exemples de l'insolence attachée à l'esprit de Servitude donne celui de *Vitellius* ; cet homme étoit toujours le plus empressé à flatter le Souverain, & à insulter tout honnête Citoyen attaché aux intérêts de sa patrie, mais il étoit réduit d'abord au silence dès qu'il sentoit qu'on le repoussoit avec quelque vigueur. C'est le caractère des flagorneurs d'être tout ensemble portés à l'insulte & à la lâcheté. *Vitellius* avança pourtant ses affaires par ses louanges prostituées : il eut de grands emplois sous *Tibere*, il fût Favori des deux Empereurs suivans, il eût trois fois le Consulat & fut une fois Censeur. Il ne manquoit pas, dit *Tacite*, de bonnes qualitez & d'habilité, il se comporta dans le Gouvernement des Provinces avec toute l'intégrité d'un ancien Romain : mais la crainte qu'il conçut de *Caligula*, & son excessive complaisance pour *Claude* le rendirent un Esclave infame, & on le propose à la postérité comme un modèle de la plus honteuse flatterie. On oublia ses premiéres actions digne de louange, & l'on ne se souvint que des derniéres qui couvrent sa mémoire d'ignominie. Outre qu'il adoroit *Claude* comme un Dieu, il portoit dans son sein un soulier de *Messaline* qu'il baisoit continuellement ; il plaça au milieu de ses Dieux Domestiques les Statues d'or de *Pallas* & de *Narcisse* Affranchis de l'Empereur. *Vitellius* dont je parle fut, je crois, pere de celui du même nom qui fut ensuite Empereur. Ce sont-là les hommes que les Princes aiment, dit *Salluste* : *Regibus boni quam mali suspectiores sunt, semperque his aliena virtus formidolosa est.*

SECTION II.

Les hommes de cœur ne pouvant souffrir un Gouvernement arbitraire cela les rend suspects. Les hommages qu'on lui rend ne sont point sincéres, ils sont quelquefois nécessaires, mais rarement les contient-on dans des bornes raisonnables.

AGRIPPA dit à *Auguste*, au rapport de *Dion Cassius*, qu'il étoit impossible qu'un homme d'esprit & de courage ne fût passionné pour la Liberté, & n'eût une haine sécrete contre un Maître absolu. *Agrippa*, étoit de ce caractère, & eut assez de courage pour conseiller à *Auguste* de se demettre de l'Empire, & de rendre à la République sa premiére Liberté. Son crédit, & son courage étoient tels que l'Empereur ne se crut en sureté qu'en le faisant mourir, ou en lui donnant sa fille en mariage; il fit plus que cela, il le fit son Collègue dans l'autorité de Tribun, qui de la façon dont lui & ses Successeurs l'exerçoient, étoit une vraie Dictature. *Auguste* avoit de la haine & du soupçon contre les autres Grands de Rome quoique par vanité & pour se faire louer après sa mort, il les eût substitués à sa succession au troisième degré : *Tertio gradu primores civitatis scripserat : plerique invisos sibi, sed jactantia gloriaque apud posteros.* *Auguste* & *Tibere* étoient trop éclairés pour croire que les Sénateurs de distinction & les principaux de Rome qui avoient méprisé l'alliance & le parentage des Rois, les regardant comme leurs créatures & leurs inférieurs, pussent avoir une obéïssance aveugle pour un de leurs Concitoyens dont l'usurpation & la violence l'avoient rendu ennemi de tous les Romains. Il y en eut sous le règne même de *Tibere*, qui se crurent autant que lui : *Cneius Pison*, par exemple, avoit peine à lui céder la place, & méprisoit les enfans de l'Empereur comme des gens fort au-dessous de lui. Cette hauteur lui couta la vie; car quoique *Tibere* l'employât à traverser & à perdre *Germanicus*, il se servit des propres services de *Pison* pour le faire périr.

Une sincère affection ne sauroit s'allier avec une soumission forcée. Les gens de cœur ne se soumettent pas volontiers à une autorité qu'ils croyent être en droit d'exercer eux-mêmes. Les louanges que les Principaux de Rome donnoient aux Empereurs n'étoient que des flatteries selon *Tacite* ; elles étoient quelquefois nécessaires ; elles partoient assez souvent d'une bonne intention. Elles étoient nécessaires pour la conservation propre de celui qui s'en servoit, elles étoient bien intentionnées lorsqu'on les employoit à donner au Prince des leçons de Gouvernement conformes à la sagesse & à la vertu. On peut excuser *Marcus Terentius* qui pour défendre sa vie en danger, fit à *Tibere* un compliment tout-à-fait flateur. ,, Les Dieux vous ont don-,, né la direction suprême de toutes cho-,, ses & nous ont laissé la gloire de l'o-,, béissance. ,, *Tibi summum rerum judicium Dii dedere, nobis obsequii gloria relicta est.* Les Sénateurs aussi eurent raison de louer quelques actions de *Neron* qui sembloient marquer son amour pour le Peuple, afin que cet esprit encore tout jeune prenant du goût pour la gloire qu'il recueilloit de ces choses peu considérables, la recherchât ensuite dans les plus importantes.

Thrasea

Thraséa Petus fit fort bien dans son Discours en faveur d'*Antistius* le Préteur accusé de crime de lèse Majesté pour avoir fait une Satyre contre l'Empereur, de donner de grandes louanges à sa clémence afin d'en obtenir le pardon pour l'accusé.

Mais ce qui est bon & raisonnable lorsqu'il va jusqu'à un certain point, s'y arrête rarement. Cette même flatterie, qu'on ne pouvoit point blâmer dans certaines circonstances, devint scandaleuse & excessive, elle alla de pair avec la fureur & les cruautés des Tyrans, qu'elle encourageoit encore. Plus ces monstres étoient méprisables & pernicieux, plus ils recevoient d'adorations : la frayeur que l'on avoit de leur pouvoir avoit saisi tous les hommes, & ils n'avoient d'autre ressource contre la rage du Tyran que la flatterie : *Pavor internus occupaverat animos, cui remedium adulatione quærebatur.* Les gens portez naturellement à la servitude furent les premiers à frayer le chemin, leur exemple en attira d'autres, & ceux qui se distinguoient par l'amour de la Liberté se laissérent emporter au torrent, ou craignirent de faire paroître la moindre résistance. L'intérêt gouvernoit quelques-uns de ces flatteurs, l'exemple en entraînoit quelques autres, & la crainte s'étoit emparée de tous. On courut à l'envi à la servitude ; l'on oublia entiérement l'amour du bien public ; & ce qu'on devoit à la gloire & à l'avantage de Rome, ce qui faisoit le caractère de ses anciens Citoyens, on vit succéder à l'esprit de Liberté, la crainte & l'inquiétude où chacun étoit pour lui-même. C'est ce qui arrivera toujours lorsqu'un Prince ayant la force en main séparera ses intérêts propres de ceux de l'Etat : les Particuliers n'ayant plus aucun crédit dans les affaires publiques ne songent qu'à leur intérêt personnel & à leur sureté.

SECTION III.

Pouvoir exorbitant des Affranchis des Empereurs. Soumission scandaleuse des Romains à leur égard, & les honneurs qu'ils leur conféroient.

LA Tyrannie produit une terreur lâche & une inquiétude dans les Particuliers qui craignent pour eux mêmes : cette crainte & cette inquiétude font la source d'une servitude générale, & de l'oubli entier de tout l'amour qu'on doit à sa patrie, & au bien public : c'est-là ce qu'opère la corruption qui précipite la ruine & la désolation d'un Etat. Tout le bien & tout le mal qui pouvoit arriver à un Romain partoit de la volonté & de la fantaisie du Prince ; il falloit par conséquent étudier son humeur, ou celle des Esclaves qui le gouvernoient, car ordinairement l'Empereur se laissoit gouverner par les Esclaves les plus infames & les plus pernicieux. Tout l'Empire Romain, cet Empire qui contenoit une

B ij

partie considérable du Monde habité; & qui inspiroit la terreur à presque tout le reste, étoit gouverné, vendu, opprimé & épuisé par des Esclaves tirés de la chaine ou de la rame. *Claude* ne se contenta pas de déclarer que les adjudications faites par ses Receveurs auroient la même force que s'il les avoit faites lui-même, il fit encore établir ce réglement par un Décret solemnel du Sénat. Ces Receveurs de l'Empereur étoient ses propres Affranchis qui sous ce titre gouvernoient souvent les Provinces, il éleva la puissance de ces misérables au niveau de celle des Souverains & des Loix. *Felix* Gouverneur de la Judée étoit Affranchi, Mari de trois Reines, & frere de *Pallas* autre Affranchi qui gouvernoit l'Empereur, couchoit avec l'Impératrice & maîtrisoit tout l'Empire: de sorte que *Neron* dit fort à propos lorsqu'il l'eut congedié ɴ que *Pallas* s'étoit démit de la Souveɴ raineté ɴ.

Admirons l'avilissement du Sénat Romain, de ce Corps si vénérable! Ce n'est pas assez pour eux de flatter l'Empereur, d'accumuler sur sa personne honneurs sur honneurs, si grands & de tant de sortes qu'ils ne s'en réservent aucun pour eux-mêmes, ni presque rien qu'ils puissent faire de plus pour lui. Non contens de cela ils s'abbaissent jusqu'à rendre les mêmes adorations, jusqu'à enrichir & élever aux plus grands honneurs des fugitifs, l'excrément de la terre, destinés par leur caractère aux offices de la cuisine, des Ecuries, ou de la garde robe. Les Romains Maîtres du Monde étoient réduits à plier sous les derniers des hommes. *Pallas* avoit formé un plan de Loi pour condamner à des peines les Dames Romaines qui épousoient des Esclaves ; & pour si peu de chose, *Bareas Soranus* nommé au Consulat, la première charge de l'Empire, proposa au Sénat de revêtir *Pallas* des ornemens de la Préture, seconde charge de l'Etat, & de lui faire un présent de plus de quatre cens mille écus. Il fut ajouté à cette proposition par *Cornelius Scipion* que *Pallas* seroit remercié publiquement de ce qu'étant descendu des anciens Rois d'Arcadie il préféroit le service du public à son auguste naissance, & ne dédaignoit pas de se voir au rang des Ministres de l'Empereur. *Claude* assura le Sénat que *Pallas* se contenteroit des honneurs de la Préture, qu'il refuseroit le présent & qu'il demeureroit volontiers dans sa pauvreté ordinaire. Le Décret en ayant passé fut gravé sur le bronze & exposé aux yeux du public : Décret pompeux dans lequel on voyoit un homme de néant, un fils de la terre qui alloit auparavant nuds pied, riche alors de plus de cinquante millions d'écus, comblé de louanges de ce qu'il observoit le desintéressement & la frugalité des premiers tems de la République. Remarquons l'étrange renversement de l'ordre & du sens commun ; les Dignités avilies, & l'infamie élevée, combien la respectable autorité du Sénat ne s'étoit-elle pas abbaissée, combien la fonction de Consul ne s'étoit-elle pas prostituée, & de quelle ignominie le grand nom de *Scipion* ne s'étoit-il pas couvert ! Dans quelle infamie les ornemens de la Magistrature n'étoient-ils pas tombez ! On voyoit un réglement de l'Etat qui ne respiroit que la servitude & le mensonge. Quelle étoit la stupidité de l'Empereur, quelle insolence dans l'Esclave, & quelle déplorable disette de toute Vertu, Vérité, & Liberté parmi les hommes de toutes les conditions ! C'étoit véritablement un hommage fait à un Esclave par des Esclaves, comme *Pline* le remarque fort bien. Nous pouvons juger de la bassesse & des méchantes actions de l'homme en question par les honneurs exorbitans qui lui furent conférez ; ce nous seroit une preuve suffisante de son caractère quand nous n'en aurions pas d'autres. On ne s'avisa jamais de faire de pareils honneurs à *Seneque*, & *Tigellin* avoit beaucoup plus de crédit & d'autorité que *Burrhus*.

Le vrai mérite produit dans l'ame de tous les gens de bien de l'estime & de l'affection, & la vraie affection ne se répand pas tant en démonstrations extérieures que la fausse. Lorsque notre amitié & notre estime sont véritables, nous ne craignons pas d'exciter des soupçons dans la personne qui en est l'objet & nous ne nous donnons pas de grands mouvemens pour le convaincre de notre sincérité. Mais lorsque nous sentons au fond du cœur la fausseté de nos sentimens, nous nous répandons davantage en démonstrations magnifiques & pleines de complimens. Il étoit absolument impossible que les gueux revêtus dont je parle eussent aucune amitié pour le Sénat, pour les personnes distinguées par leur naissance, leurs biens ou leur mérite personnel ; il étoit aussi peu apparent que le Sénat ou les Grands des Rome aimassent ces avanturiers ; & nous voyons les déguisemens que produisent la crainte & l'imposture ! La Postérité, Juge intègre, qui ne craint ni le Sénat ni *Pallas*, ne voit dans les honneurs qui lui furent conférez qu'une infamie éternelle dans le Sénat & dans l'Affranchi. *Claude* n'étoit pas le seul Empereur qui se laissat conduire par ses Affranchis ; d'autres que lui étoient dans l'esclavage de ces malheureux Conseillers : *Plerique Principes* (dit Pline) *libertorum erant servi, horum consiliis, horum nutu regebantur*. Le monde n'étoit-il pas bien gouverné & le bonheur du Genre humain n'étoit-il pas parfait, quand on voyoit le Maître du Monde gouverné par la convoitise & les suggestions de ces misérables qu'on venoit de racheter de l'infamie des fouets & des chaines ? Le Grand *César*, à qui les Romains

étoient

étoient obligés de la misère & de l'esclavage où ils tomberent après son usurpation, fut le premier qui éleva ces enfans de la terre, & qui pour faire rougir la Vertu déclara, que « si dans le dessein » de soutenir sa grandeur il lui eût falu » employer des voleurs de grands chemins, & des assassins, il leur eût » donné les mêmes récompenses ». Je crois son aveu sincère, mais il ne me paroît pas prudent : nous avons déja vu que ses dignes Successeurs pratiquerent la même chose, à l'égard de ceux qu'on appelloit *Instrumenta regni*, les Instrumens sanglans, & les ressorts mystérieux du Gouvernement absolu. *Polyclete* Affranchi de *Neron* étant envoyé par son maître pour avoir l'œil sur la Grande-Bretagne, voyagea avec un train si prodigieux qu'il étoit à charge à de grandes Nations comme celles d'Italie & des Gaules.

SECTION IV.

Flatterie excessive du Sénat, combien elle étoit peu judicieuse.

LA flatterie du Sénat ne gardoit point de mesures: ils auroient pu être bons Courtisans sans se prostituer si honteusement. Il y a des exemples qui leur font honneur des délibérations qu'ils prenoient contre l'esprit de la Cour, & les efforts des Favoris pendant les mauvais règnes. Malgré tout le pouvoir, & les cabales d'*Agrippine* ils chassérent du Sénat *Tarquitius Priscus* une de ses créatures. Il avoit attenté lâchement à la vie de *Statilius Taurus* par l'instigation de l'Impératrice qui souhaitoit passionnément de s'emparer des richesses & des beaux jardins de cet illustre Sénateur. Ils donnérent un autre exemple de fermeté dans l'affaire d'*Antistius* le Préteur qui avoit composé des vers pleins de fiel contre *Neron* & les avoit lus dans un grand repas. Quoique l'accusé fût chargé du crime de lèse-Majesté, poursuivi par *Coffutianus Capito* gendre de *Tigellin* ce Favori tout-puissant, & que *Junius Marullus* nommé au Consulat eût donné sa voix à la mort selon la rigueur des Loix anciennes; le Sénat suivit l'avis moderé de *Thrasea Petus* qui fut de condamner l'accusé à la confiscation & à l'exil; ils ne se départirent pas même de cette Sentence après avoir reçu sur cela une Lettre de l'Empereur pleine d'indignation.

Ils auroient pu donner des marques de fermeté de cette nature dans des occasions où ils n'en donnerent aucune; au contraire ils abandonnerent leur Liberté & leurs suffrages plus vîte qu'on ne les leur auroit enlevez. La louable intrépidité de *Thrasea* fit revenir les autres Sénateurs de l'esprit d'esclavage qui s'étoit emparé d'eux; tant l'exemple d'un homme de bien & de courage a de force & d'influence, même dans une Assemblée devouée à la corruption & à la servitude. Il est vrai que *Thrasea* paya bien cher sa hardiesse; & ce fut la crainte d'un pareil traitement

C ij

qui ferma la bouche aux autres ou qui ne l'ouvrit que pour la flatterie ; mais qui ne voudroit avoir la réputation de probité d'un aussi excellent Citoyen que *Thrasea*, même au prix de sa propre vie, plutôt que la fortune & le crédit de l'adulateur *Vitellius* avec la bassesse de sa vie, & l'ignominie attachée à sa mémoire ?

SECTION V.

Le Jugement libre & impartial de la Postérité doit être un avertissement aux Souverains de regner avec modération, & de détester les flatteurs. Comment on traite aujourd'hui la mémoire & le nom des Tyrans de Rome.

LE cœur de tous les hommes est agité par l'orgueil, & ce sentiment donne de l'amour pour la réputation. Si l'on veut donc s'en faire une bonne il faut régler ses actions de sorte qu'on ait toujours le jugement de la Postérité en vûe, on ne l'abusera point par des évasions, de fausses couleurs; de vaines excuses ne passeront point auprès d'elle pour des raisons, quoiqu'elles ayent trompé nos contemporains souvent séduits par l'amitié, par l'esprit de parti, ou par la prévention. Le tems & la mort détruisent toute sorte d'artifices, dissipent les nuages, & revelent bien des mystéres: alors les intentions des hommes, leurs motifs & leurs vues sont découverts & examinés à la rigueur. L'essor d'une imagination portée à la flatterie n'est plus regardé comme l'effet de l'affection pour le Prince, ni les efforts de l'ambition comme l'effet du zèle pour le bien public. *Claude & Pallas, Tibere & Sejan, Neron & Tigellin*, étoient caressez, applaudis & adorés pendant leur vie, dans le tems de leur puissance & de leur faveur. La crainte de leur autorité arrachoit alors des louanges de tous les hommes; maintenant leur nom n'inspire que l'horreur & le mépris. A quoi leur ont servi leurs ruses, leurs subornations, leur puissance, & l'élevation de leurs postes; le respect pour leur pourpre, la force de leurs armes, leurs Gardes Prétoriennes, & leurs Loix perverties ont-elles pu mettre leur mémoire en sûreté, comme elles y mettoient leurs personnes? Un Ecrivain moderne, comme moi par exemple, a-t-il à craindre leurs Accusations de crime de lèse-Majesté, ou le souffle pernicieux de leurs Délateurs, lorsqu'il les traite de monstres souillés de sang, de Tyrans, de pestes publiques, & d'oppresseurs de la Terre couverts de malédictions, & meurtriers de sang froid?

Ces Tyrans de Rome, & leurs flatteurs ont beau avoir poussé la Tyrannie & la flatterie à son comble, ils n'ont pas été capables avec tous leurs artifices, & la terreur qu'ils répandoient, d'éteindre la mémoire de leurs actions, ni d'empêcher qu'on n'en parlât. On a transmis à la postérité leur nom avec les Epithètes qui leur conviennent. Le nom de *Neron* est moins suivi de l'idée d'Empereur que de celle de Tyran, dans l'esprit de tous les hommes; on n'entend point nommer *Vitellius* sans avoir l'idée d'un vil adulateur, son crédit, & ses grands emplois sont oubliés; l'on ne se souvient plus que de ses actions infames. Quel frein cela ne devroit-il pas mettre aux passions d'un Prince capable de quelque réfléxion ! Si *Tibere*, *Claude*, *Caligula*, & les autres monstres qui ont été sur le Thrône, avoient consideré la lumiére redoutable qui découvriroit à la Postérité leurs horreurs, cela leur auroit ôté tout le plaisir qu'ils prenoient à exercer la Tyrannie ; cela leur auroit fait concevoir de l'aversion contre les flatteurs qui leur mettoient dans la tête que tous les hommes parloient de l'Empereur comme ces pestes de Cour en parloient eux-mêmes. Il auroit été mieux pour ces malheureux Tyrans de n'être jamais venus au monde par rapport au nom qu'ils ont laissé, autant que pour le bonheur du Genre-humain. On peut dire pourtant que jamais homme ne s'est donné plus de mouvemens pour acquerir de la réputation que *Neron* : *Erat illi æternitatis, perpetuæque fama cupido, sed inconsulta*, dit *Suetone* ; témoins ses peines sur le Théatre & dans le Cirque qu'il continuoit journellement, & quelquefois nuit & jour pour acquérir la réputation d'un bon chantre, d'un bon joueur de lire, & d'un excellent cocher. *Caligula* aspiroit à la même gloire, & s'exerçoit beaucoup à faire des armes, à danser & à conduire des chariots: *scenicas saltandi canendique artes studiosissime appeteret — Thrax & auriga.* Voilà une belle ambition pour un Prince! elle est aussi juste & aussi noble que celle de plusieurs autres Princes.

Tibere souhaitoit de même passionnément les louanges de la Postérité, & qu'elle eût de l'affection pour sa mémoire: *ut quandocumque concessero, cum laude & bonis recordationibus atque famam nominis mei prosequantur.* Nous savons comme il y a réussi: son nom est détesté comme celui du plus dangereux, du plus perfide & du plus rusé Tyran qui ait jamais opprimé le Genre-humain. A peine eut-il expiré que le Peuple éclata en démonstrations de joie & en exécrations: les uns crioient « qu'on le traînât dans le Tibre, les » autres demandoient à la Terre notre » mere commune & aux Dieux infer- » naux de ne lui donner de demeure » que parmi les damnés & les mau- » dits, » d'autres ne parloient de rien moins que de traîner son corps avec des crocs à la voirie; & lorsque l'on alloit porter son corps de Misène à Rome, chacun crioit qu'il valoit bien mieux le porter dans l'Amphithéâtre d'*Atella* pour l'y brûler à demi. C'étoient-là les marques de la bonne odeur dans laquelle ce Tyran avoit laissé la mémoire ! Les deux autres Empereurs furent regardés comme des bourreaux frénétiques, ou plutôt comme des chiens enragés qui ne prenoient plaisir qu'à tuer & à déchirer. Que nous fait à nous leur qualité de Souverain & d'Empereur ? Les gens de bon sens ne se laissent point éblouir par des noms, ils regardent les monstres comme des monstres, quels que soient les titres que la fortune ou les flatteurs leur ont donné ou qu'ils se sont attribuez eux-mêmes.

C'est ainsi que les Tyrans doivent s'attendre que la Postérité se vengera sur leur nom : c'est à quoi doivent refléchir sérieusement ceux qui aiment leur gloire, & qui recherchent l'immortalité comme font la plupart des Princes. Ils y sont d'autant plus obligez qu'ils sont dans un poste trop éminent & font trop de choses pour que leur nom tombe dans l'oubli. Ils devroient plus craindre la censure de la Postérité, ordinairement bien fondée & durable, qu'ils ne devroient être touchez des louanges de leur siécle, souvent fausses & passagéres, & dont pour le moins on peut soupçonner la sincérité.

SECTION VI.

Manière déplorable dont les Princes sont ennivrés, & égarés par la flatterie.

SI les Tyrans méritent d'être détestés, que sera-ce des flatteurs qui corrompent les meilleurs Princes, & rendent les Tyrans pires qu'ils ne seroient d'eux-mêmes ? *Tibere* accepta la Souveraineté avec quelque défiance, & sa circonspection naturelle l'auroit rendu traitable contre son penchant si les Romains avoient couru avec moins d'empressement à la servitude. Mais voyant qu'ils vouloient être Esclaves il les traita en Esclaves, & n'ayant rien à craindre d'eux il s'abandonna à son inclination : *rupto pudore & metu, suo tantum ingenio utebatur.*

Domitien eut de la joie de voir qu'*Agricola* l'avoit nommé son cohéritier avec sa femme & sa fille ; il eut la vanité de penser que c'étoit par choix, & eu égard à son mérite : tant il étoit aveuglé par la flatterie. Il ignoroit qu'il n'y a qu'un mauvais Prince qui soit nommé cohéritier des enfans aimés tendrement par leur pere.

Neron essuyoit de terribles combats après qu'il eut fait mourir sa mere ; il craignoit les Soldats, le Sénat, le Peuple : mais lorsqu'au lieu du ressentiment qu'il craignoit, il vit des discours flatteurs de la part des Officiers, des Décrets pleins de louanges de la part du Sénat, des processions générales, des applaudissemens, des offrandes faites publiquement aux Dieux, & un acquiescement universel : alors son insolence naturelle s'enfla davantage, cette servitude générale lui inspira l'orgueil d'un Conquérant, il monta au Capitole, offrit des Sacrifices & dès lors il lâcha la bride à toutes ses brutales fantaisies. Lorsqu'il fit assassiner deux Romains d'une illustre naissance, *Plautus & Sylla*, il écrivit au Sénat sans lui rien marquer de cette exécution, se contentant de dire que c'étoient des esprits turbulens, & qu'il falloit qu'il prît de grands soins pour la conservation de l'Etat. Sur cela les complaisans Sénateurs ne perdirent point de tems à dégrader leurs deux confreres défunts, & à ordonner des priéres & des Sacrifices publics. *Neron* à la vûe de ce Décret voyant que toutes ses injustices & ses actions sanguinaires étoient regardées comme des exploits héroïques, s'enhardit à faire une chose qu'il n'auroit osé exécuter sans cela, tout *Neron* qu'il étoit: il répudia la vertueuse *Octavie* qui lui avoit apporté l'Empire pour dot: *igitur accepto patrum consulto, postquam cuncta scelerum suorum pro egregiis accipi videt, exturbat Octaviam.* Pour comble d'infamie, immediatement après que ce barbare Empereur eut versé le sang de cette sage Princesse, le Sénat ordonna qu'on rendît graces aux Dieux de nouveau, & qu'on portât des offrandes sur leurs Autels. Je rapporte cette particularité, dit *Tacite*, afin qu'on remarque en lisant les évènemens de ce tems-là, dans cette Histoire ou dans quelque autre, que lorsque les Empereurs faisoient commettre quelques traits de cruauté, ordonnoient des bannissemens ou des assassinats, on ne manquoit point de faire des Décrets pour rendre graces aux Dieux, & leur offrir des Sacrifices : ces solemnités, qui étoient anciennement les marques & les suites des victoires de l'Etat, & de la félicité publique, étoient devenues alors les tristes marques & les suites du massacre & de la désolation : *quod ad eum finem memoravimus, ut quicumque casus temporum illorum nobis vel aliis auctoribus noscent, præsumptum habeant, quotiens fugas & cædes jussit Princeps, totiens grates Dei actas ; quæque rerum secundarum olim, tum publicæ cladis insignia fuisse.*

On put faire la même remarque dans la suite : lorsque *Neron* après la découverte de la conjuration de *Pison* eut versé des torrens de sang, plus la ville étoit remplie de corps morts, plus les Temples étoient remplis de la fumée des Sacrifices. L'un avoit perdu son fils, l'autre son frere, l'autre son parent ou son ami dans ce massacre général, & plus leur perte étoit douloureuse, plus ils montroient de joie au dehors, ornoient leurs maisons de laurier, alloient aux Temples rendre des actions de graces, embrassoient les genoux du Tyran & lui baisoient la main avec transport. *Neron* prenoit tout cela pour autant de marques de leur affection & de leur joie lorsque dans la vérité, toutes ces félicitations & ces flatteries étoient d'autant plus grandes que leur chagrin étoit cruel.

SECTION VII.

But pernicieux des conseils flatteurs; véritable gloire attachée à ceux qui sont sincères.

QUEL poison que la flatterie! elle égare les Princes au point de leur faire accroire que toutes les mesures qu'ils prennent pour appuyer leur oppression, que les traits de leur rage frénétique sont le résultat d'un Gouvernement juste, que la louange extorquée part d'une sincére affection, & qu'eux-mêmes sont l'amour du Peuple dans le tems qu'ils en sont l'horreur. Cette fausse idée les empêche de se repentir ou de se corriger. S'endormant sur les discours de leurs flatteurs, ils ne sauroient découvrir en quoi ils ont mal fait, & ne voyent point de quoi ils devroient se corriger. Les flatteurs de *Neron* tournoient *Seneque* en ridicule, & faisoient entendre au Prince qu'il n'avoit pas besoin de Tuteurs. Les flatteurs de *Commode* firent la même chose à l'égard de ses vieux Conseillers qui l'avoient été de son Pere. *Neron* & *Commode* suivirent les avis de leurs flatteurs, ils régnerent méchamment, firent une fin tragique, & leur mémoire est en détestation. Les pestes de Cour endorment les méchans Princes dans la sécurité, & leur tiennent le bandeau sur les yeux, jusqu'à ce que le hazard les leur faisant ouvrir, la première chose qu'ils voyent c'est leur Thrône chancellant, ou renversé, & quelquefois le glaive du bourreau à leur gorge. Lors même que les choses en sont venues là il ne manque pas de gens qui leur donnent de fausses couleurs, & qui continuent leurs flatteries comme ils firent à *Galba*, peu d'inſtans avant qu'il fût égorgé : on l'amuſoit par de fauſſes aſſurances qu'il étoit en ſureté ; *quidam minora vero, ne tum quidem obliti adulationis.*

Combien ces menſonges ne ſont-ils pas même préjudiciables à leurs auteurs ? Ils les diſent par amour propre & pour leur conſervation, cependant à force de conſacrer par leurs flatteries l'oppreſsion & la ruine des autres hommes, ils ſe creuſent un précipice à eux-mêmes. S'ils expoſoient les affaires aux Princes d'une maniére ſincére, s'ils prenoient la liberté de leur faire connoître les abus & les oppreſſions, de leur faire conſidérer que ce qui eſt fait injuſtement contre les Peuples eſt dangereux pour le Souverain ; les Princes préféreroient des conſeils ſûrs & honnêtes à de criminelles fantaiſies. Ils ſe feroient une habitude de douter, de délibérer, de s'informer, & de ſoumettre leur jugement à celui d'autrui : ils ſe ſouviendroient qu'ils ſont ce qu'ils ſont pour le bien & l'avantage de leur Etat, & qu'ils ne doivent avoir d'autre volonté & d'autre intérêt, que la volonté & l'intérêt des Peuples.

Si

Si *Neron* avoit suivi les excellentes régles de Gouvernement qui lui avoient été dictées par *Seneque* & par *Burrhus*, qu'il s'étoit prescrites lui-même dans le premier Discours qu'il fit au Sénat; s'il avoit fermé l'oreille aux conseils de *Tigellin* & de plusieurs autres flagorneurs de son espèce; la fin de son règne auroit été accompagnée des mêmes bénédictions que le commencement, & *Neron* auroit laissé un nom aussi respecté qu'il le rendit abominable. Si les confidens des Princes au lieu de se ravaler jusqu'à devenir de vils Parasites, au lieu de trahir la Vérité, de couvrir le Souverain & eux-mêmes d'ignominie, vouloient donner des conseils salutaires à l'Etat, outre la louange qu'ils mériteroient d'une conduite si noble, ce seroit la méthode la plus infaillible de fonder leur propre fortune & celle de leur famille sur la sureté publique. Si quelque malheur les faisoit tomber dans la disgrace, s'il leur en coutoit la vie pour avoir fait leur devoir, ils auroient au moins le témoignage de leur conscience, les applaudissemens des vivans, & les louanges de la Postérité.

Au lieu que fomentant les jalousies & la violence du Prince par leurs flatteries, ils lui enseignent à tourner sa fureur contre eux-mêmes ; ce qui est souvent arrivé & ce qu'ils doivent craindre. Les Courtisans & les flatteurs de l'Empereur *Caracalla* pour lui complaire applaudirent au meurtre de son frere *Geta*, & après que l'Empereur l'eut commis de sa propre main, ils furent tués eux-mêmes pour prix de leur maudite complaisance, & parmi eux *Letus* son favori & son confident. Ces sanglantes exécutions partoient si peu du repentir de l'Empereur pour la mort de son frere qu'il en fit massacrer tous les amis & les partisans au nombre de vingt mille en fort peu de tems. Peu d'amis, de confidens & de Conseillers de *Tibere* purent se garantir d'une fin tragique, à moins qu'ils ne se dérobassent à sa cruauté par une mort naturelle. Ces instrumens de la Tyrannie en furent les victimes. Le Tyran les mettoit bien à couvert du ressentiment de ses Sujets, mais ce n'étoit que pour les punir lui-même : *Scelerum Ministros, ut perverti ab aliis nolebat, ita plerumque sa-*

tiatus, & oblatis in eandem operam recentibus veteres & præ graves adflixit. Vescularius Atticus, & Julius Marinus furent tous deux dans sa confidence la plus intime, ils l'avoient accompagné dans sa retraite à Rhodes & ne l'avoient jamais quitté pendant son séjour dans l'Isle de Caprées : ils avoient favorisé sa Tyrannie, & l'avoient servi dans ses projets sanguinaires : il ne paroît pas qu'ils lui eussent jamais déplu par aucun bon conseil. *Vescularius* étoit son Agent secret dans la perfide trame destinée à perdre *Libon Drusus* cet illustre Romain ; & *Sejan* étoit venu à bout de perdre *Curtius Atticus* aidé de *Marinus* : N'en étoit-ce pas assez pour mettre leur vie à couvert ? Tous leurs services n'empêchérent point qu'ils ne fussent les victimes d'une cruauté qu'ils avoient tâché d'assouvir par la perte de tant d'autres personnes : *ad mortem aguntur : quo lætius acceptum*, dit Tacite, *sua exempla in consultores recidisse*. Leur fin tragique donna d'autant plus de joie qu'on voyoit retomber sur leurs têtes les cruels artifices dont ils étoient les auteurs.

D ij

Il est certain que les Princes ont en horreur ceux dont ils se servent pour exercer leurs cruautés. *Aniceus* Général des Galères de *Neron* avoit conduit & exécuté le projet de la mort d'*Agrippine*, il jouït un tems assez court d'un peu de faveur auprès du Prince qui dans les suites conçut une étrange aversion contre lui. Car, comme *Tacite* le remarque, les Princes regardent les Ministres, & les Exécuteurs des Conseils pernicieux comme des gens dont les regards leur reprochent continuellement leurs crimes ; *ut exprobrantes aspiciuntur*. Ce fut le sort encore de *Cleandre* sous le règne de *Commode* qui l'aimoit, se conduisoit pas ses avis, & lui coupa la tête. Quelle différence dans la rélation de la mort de *Burrhus* qu'on soupçonna que *Neron* avoit fait empoisonner : *Civitati grande desiderium ejus mansit per memoriam virtutis*. La tristesse que sa mort répandit dans toute la Ville étoit grande & durable, parce que les Romains se souvenoient de ses vertus. L'Historien avoit dit un peu auparavant ; *gravescentibus in dies publicis malis, subsidia minuebantur, con-*

cessitque vita Burrhus. Tandis que les malheurs publics devenoient plus grands & plus pesans de jour en jour, les ressources du public diminuoient, & *Burrhus* mourut. Avec quelle noblesse l'Historien raconte l'Histoire tragique de *Seneque*, elle est trop longue pour trouver ici sa place.

Je finirai ce Discours par cette réfléxion que comme la flatterie est un effet de la crainte & de l'imposture, & que les Princes les plus tyrans sont les plus flattés, que les hommes dont le cœur est le plus faux sont les plus portés à l'adulation ; cette considération devroit être une leçon aux Princes & aux Grands de mettre dans la balance d'un côté leurs actions, & de l'autre les louanges qu'ils en reçoivent : s'ils trouvent qu'elles sont justes & équitables, qu'ils en concluent que les éloges qu'on en fait sont sincères ; qu'ils réfléchissent sur leurs actes de débonnaireté ou d'oppression, & qu'ils regardent comment ils en ont usé avec leurs Sujets. Ils feroient fort bien encore d'examiner le caractère de ceux qui les louent ; si ce sont des gens d'honneur & de vertu, amateurs de la

Vérité, de leur partie, & du Genre humain, ou s'ils ne font pas du nombre de ces flatteurs qui louent sans discernement & sans mesure tout ce que le Prince fait & tout ce qu'il dit de quelque nature qu'il soit : *Quibus omnia Principis honesta atque inhonesta laudare mos est.*

SECOND DISCOURS;

Sur l'esprit des Cours.

SECTION I.

De la liberté des discours ; combien elle est raisonnable.

J'AI cru qu'il seroit convenable au Discours précédent sur la flatterie d'en joindre un autre sur les Cours, où cette pernicieuse pratique est mise le plus en usage.

Durant les régnes que j'ai décrits, lorsque l'autorité étoit fondée sur la terreur, & que la dépendance étoit convertie en servitude, il ne falloit pas s'étonner beaucoup qu'on bridât les langues, & qu'on ajoutât cette chaine à la servitude générale ; qu'on fît en sorte que quiconque oseroit souffler la moindre chose qui sentît la Liberté fût mis en état de ne plus retomber dans cette faute. C'étoit une Politique mal entendue, barbare, & impossible à pratiquer, on ne sauroit éteindre les passions qu'avec la vie, & pour empêcher les gens de parler, sur-tout ceux qui souffrent, il faut les empêcher de sentir.

Il n'est certainement pas juste de permettre que les gens s'attroupent tumultuairement pour publier leur mécontentement & leurs griefs, & pour allumer le feu de la rebellion : mais les plaintes qu'on fait dans sa famille, qu'on laisse échapper ou qu'on communique à un ami ne sauroient blesser le pouvoir Souverain : plus les hommes exhalent leur haine & leur mécontentement moins ils en retiennent dans le cœur, & souvent leur chagrin se dissipe par cette voie. Au lieu que si ces passions sont retenues dans le fond du cœur elles s'enflament, s'enveniment & se soulagent quelquefois par un organe plus dangereux que la langue. Un esprit railleur est beaucoup moins à craindre qu'un cœur plein de colere & de venin. Le Prince doit bien plus redouter les imprécations secretes de ses Sujets que les injures qu'ils proferent contre

contre lui : que dis-je ? Il doit plus les redouter que les efforts de ses ennemis. Tant de sang répandu sous le règne de *Tibere* & sous celui de ses Successeurs pour des paroles imprudentes, (car on en fit couler des torrens pour des fautes aussi legéres) à quoi servit-il pour la sûreté de ces Tyrans ? Je ne sâche pas qu'ils en ayent tiré aucun avantage si ce n'est que chaque goûte de ce sang cruellement répandu, étoit une tache sur leur personne & sur leur Gouvernement : chaque goûte rallumoit la haine des mal-intentionnez, affoiblissoit l'Empire & augmentoit les dangers du Souverain. Les châtimens rigoureux pour des fautes legéres ou que l'opinion commune juge telles partent d'une mauvaise politique, & font regarder le gouvernement avec horreur. Tout homme qui se sent sujet aux mêmes fautes en devient l'ennemi capital. Ce devroit être une maxime de politique pratique que les fautes qui ne tirent point à conséquence ne doivent point être punies.

Olivier Cromwel qui semble avoir pénétré bien avant dans le cœur de l'homme, étoit fort peu ému des mauvais discours & des invectives des Particuliers. A quelque excès que fut parvenue son autorité, il laissoit au peuple la liberté de parler & de médire. On peut dire la même chose du dernier Regent de France qui connoissoit parfaitement la nature de l'Homme & celle du Gouvernement. On voyoit communément sous son administration les François tempêter & criailler avec la même liberté qu'un ancien Romain l'auroit pu faire contre un Magistrat qui auroit déplu au Peuple. Il est certain que dans un Etat où il n'est permis de parler de ceux qui gouvernent que pour les louer, ces louanges ne trouvent que peu de créance. Si le peuple les voit si chatouilleux sur l'examen de leur conduite, il ne manque guéres de la croire foible ou mauvaise. Il soupçonne que leur administration & leurs desseins sont encore pires qu'ils ne sont peut-être, & il sera plus disposé à tomber dans le mécontentement & dans la révolte qu'à se taire. Lorsque les Souverains ne peuvent souffrir que l'encens & les applaudissemens, ils ferment la porte au procédé franc & sincère, à la Vérité, & aux bons conseils ; ils ne l'ouvrent ainsi qu'à des flatteries trompeuses, à des faussetés agréables & souvent funestes. Si les Princes, dont la memoire est desapprouvée, avoient permis à leurs Sujets & à leurs contemporains de leur dire la vérité, & de découvrir sincérement leur pensée sur leur conduite, il est vraisemblable que la Postérité n'en auroit pas dit tant de mal ; comme il est vraisemblable qu'ils l'auroient moins mérité ; & je suis persuadé qu'ils auroient mieux fait tous tant qu'ils étoient, de laisser une pleine liberté de dire tout ce qu'on auroit voulu, que de manquer à apprendre ce qu'il leur importoit de savoir. Il leur valoit bien mieux entendre les mécontentemens & les médisances de leurs Sujets, que d'ouir dire qu'ils prenoient les armes contre leur Souverain ou qu'ils l'abandonnoient. C'est le sort qu'ont éprouvé quelques Princes qui ayant eu des Courtisans d'une complaisance excessive, ou les oreilles trop tendres, se sont vus déthronés avant qu'ils soupçonnassent d'être haïs, & ont à peine trouvé un intervalle sensible entre les acclamations des flatteurs & le coup mortel du bourreau. C'est le génie des Cours : les mauvaises nouvelles y sont généralement cachées ou déguisées ; de là viennent trop souvent le silence & les flatteries des courtisans qui ne veulent dire que ce qui est agréable à entendre, & tels sont quelquefois l'orgeuil & l'impatience des Princes, qu'ils ne veulent rien savoir qui puisse les chagriner.

SECTION II.

Génie des gens de Cour : il y en a qui ont de la probité.

C'EST toute autre chose que l'amour de la Vérité qui fait aller les gens à la Cour, & qui les y retient ; la passion dominante de ceux qui y demeurent est l'ambition. Celui qui a des vûes pour quelque poste ou pour la faveur du Maître étant sûr d'avoir des concurrens, son grand soin est de se fortifier contre ses rivaux & de tâcher de les vaincre. Comme il peut y avoir des obstacles, réels ou apparens, un

Courtisan doit être toujours sur ses gardes: de là vient l'esprit de Cour plein d'amour propre & de soupçons, & sans aucun lien d'amitié. De là vient la souplesse des Courtisans, leur passage brusque de l'amitié à la haine, des empressemens à la froideur, des louanges & du blâme à l'égard de la même personne, selon qu'elle est en crédit ou disgraciée; selon qu'elle peut servir ou nuire, ou qu'elle est incapable de tous les deux. Le grand but qu'on se propose c'est d'avoir les bonnes graces de celui qui est en place, de celui qui tient les rênes de l'autorité, & qui est la source d'où découlent les bienfaits, ou les disgraces. On étudie tous ses mouvemens, ses inclinations & ses aversions; on les adopte: ainsi un sourire, un air mécontent de celui qui est sur le Throne, qui en approche de près, est saisi avec empressement & change le visage de toute la Cour dans un instant. Cela se communique avec une uniformité remarquable dans toutes les personnes de tout rang, depuis les premiers de la Cour jusqu'aux simples Commis d'un Bureau.

La Cour est comme un rendez-vous

nombreux, de gens dont un petit nombre a des faveurs à distribuer. Les autres sont des Compétiteurs qui les briguent, qui tâchent de l'emporter l'un sur l'autre dans l'art de se rendre agréables. De là vient l'air de complaisance des Courtisans, leur flatterie, leurs insinuations, & leur empressement ; c'est là qu'on voit des passions couvertes, quelques-unes déguisées & d'autres affectées. De là vient leur attachement pour ceux qui peuvent les servir à s'avancer, & leur négligence pour ceux qui ne leur sont bons à rien. C'est parmi eux que la bonne fortune est regardée comme un mérite, quelque indigne que soit le sujet qui a ses faveurs ; c'est auprès d'eux que la capacité disparoît avec le crédit : de là vient leur perfidie, leur ingratitude, & tout ensemble leur procédé plein de politesse.

Je crois qu'on conviendra que c'est-là le caractère général des gens de Cour. Il ne faut pas douter qu'il n'y ait des exceptions & qu'on ne trouve parmi eux des personnes qui ont beaucoup l'honneur, de désintéressement, & de sincère amitié : des hommes qui ont un souverain mépris pour la trahison & pour la bassesse, & qui périroient plûtôt que de faire une action indigne. Tels étoient *Manius Lepidus*, *Seneque*, & *Burrhus*, tel encore *Cocceius Nerva*, & *Julius Agricola*, comme aussi le Chancelier de *l'Hôpital* en France, le Chancelier de *Hyde* & le Comte de *Southampton* en Angleterre. Tous ces grands hommes étoient Courtisans, & passerent leur vie dans des Cours corrompues & pleines d'intrigues dangereuses. Ils employerent leur souplesse jusqu'à un certain point ; soumirent leurs opinions à la nécessité des tems, & en rompant les mesures de plusieurs mauvais desseins, ils furent la cause d'un grand bien ; mais non pas de tout celui qu'ils auroient voulu faire.

Le Cardinal de *Richelieu* se plaint beaucoup de l'opposition qu'il trouva dans ses meilleurs projets par le crédit & les intrigues des femmes, les suggestions & les mauvais offices des Courtisans mal-intentionnez. Les grands hommes dont je viens de parler souffrirent souvent des injustices : on leur attribua les mauvais Conseils auxquels ils s'étoient opposez fortement ; & lorsqu'ils trouvoient à propos de souffrir quelque désordre pour en éviter un plus dangereux, on n'eut pas pour eux l'indulgence qu'ils méritoient & l'on donna un mauvais tour aux motifs qui les faisoient agir. Le Chancelier de *l'Hôpital*, par exemple essuya beaucoup de plaintes & de Satyres de la part des Haguenots, pour avoir scellé l'Edit de Romorantin qui leur étoit fort désavantageux. C'étoit par cet Edit que le Chancelier prévenoit leur destruction entière, & le malheur universel du Royaume, en empêchant qu'on n'y introduisît le Tribunal impitoyable de l'Inquisition, à quoi la Cour & le Parlement avoient déja donné les mains ; je crois même que l'Edit en étoit déja tout dressé. Ce fut pour un service aussi signalé que les Protestans d'abord répandirent beaucoup de médisances contre le Chancelier ; & ensuite les Catholiques Romains lui donnerent mille malédictions. On reprocha au Chancelier *Clarendon* la vente de Dunquerque avec plusieurs autres griefs que la probité de ce Ministre lui faisoit regarder avec horreur. Les bons conseils de *Seneque* ne purent point le mettre à couvert de l'envie & de la calomnie ; & il est arrivé que plusieurs Ministres qu'on avoit cru auteurs de mauvais conseils sont tombez dans la disgrace, ont péri même, pour avoir eu la noble hardiesse d'en donner de justes & de bienfaisans : *vulgus est ad deteriora promptum.*

SECTION III.

Artifices des Courtisans ; leur circonspection, & ses causes.

LA complaisance, & la dissimulation ne sauroient être bannies des Cours. Les gens qui y demeurent ne doivent souvent pas faire semblant d'entendre ou de connoître ce qu'ils savent très-bien, non plus qu'ils ne doivent pas dire ce qu'ils pensent : *intelligebantur artes, sed pars obsequii in eo ne deprehenderentur.* Les Princes usent souvent de dissimulation avec leurs Sujets, les Ministres avec les Princes &

les uns avec les autres à l'envi ; chacun parle ou se montre le plus avantageusement qu'il peut. La dissimulation à la Cour est absolument nécessaire, ainsi elle est légitime jusqu'à un certain point. Un honnête homme n'est pas toujours obligé de dire la vérité, quoiqu'il ne doive rien dire que de vrai : personne n'est blâmé de cacher ses passions, & ses sentimens lorsque trop de sincérité lui porteroit du préjudice. Il y a peu de personnes même dans la vie privée, à qui l'on puisse confier des secrets, d'où dépend la tranquillité ou la réputation ; il y en a encore moins à la Cour, peut-être n'y en a-t-il aucun. C'est-là que les passions & les intérêts particuliers changent si souvent ; que les amis intimes y rompent ouvertement ; & que les anciennes amitiés s'y changent en haines pleines de ressentiment. Celui-là même qui auroit hazardé sa vie pour le service de son ami est capable pour un leger mécontentement, de le laisser monter sur l'échaffaut pouvant l'en tirer. On pourroit en donner mille exemples tirés de l'Histoire de tous les tems. Rien ne donne plus de feu aux passions que l'ambition : rien ne blesse davantage l'orgueil de l'homme que la nonchalance de ceux qui pourroient le servir, ou les traverses qu'il en essuye dans ses projets ; & rien n'est plus porté aux soupçons, & plus chatouilleux que l'orgueil. Peu de gens ambitieux sont assez contens de ce qu'ils ont déja, pour ne pas aspirer à quelque chose de plus. Peu croyent avoir reçu assez de services pour n'en pas attendre davantage, quelques déraisonnables & même impossibles qu'ils soient. Les contretems qu'ils éprouvent les indisposent contre ceux à qui ils ont de l'obligation. Il est bien rare de voir la reconnoissance regarder en arriére & s'entretenir du souvenir des services passez, si elle n'est rafraîchie par des services nouveaux & réiterés. Combien est-il plus commun de voir subsister la gratitude par des bienfaits journaliers & de la voir éteindre quand elle est entiérement privée de la nourriture qui l'entretenoit ? L'oubli des bienfaits n'est pas ce qu'il y a de plus à craindre de la part de ces ames lâches & intéressées. La haine & la vengeance prennent souvent dans leur cœur la place de la gratitude, &

s'il est naturel de haïr ceux que nous avons outragez, cette haine est d'autant plus forte que l'injure est grande; & quelle plus grande injure que de trahir ses bienfaiteurs ?

Ces raisons suffisent à ceux qui pratiquent les Cours, & qui ont la connoissance du monde & des hommes, pour les rendre réservés & circonspects à donner leur confiance : pour les empêcher de la donner entiérement à ceux à qui ils se fient le plus. Un homme prudent ne se met point à la discrétion d'un ami qui peut devenir son ennemi. Ainsi en quelque endroit que l'on contracte des amitiés, on doit avant toutes choses considérer, s'il y a des causes vraisemblables de rupture, si une concurrence en amour, en crédit, en réputation ou en intérêt ne pourra point traverser cette amitié, & la changer dans la pire de toutes les inimitiés qui est celle des gens qui ont rompu.

Cette circonspection des Courtisans s'étend jusqu'aux mots & aux regards. La fréquentation des Grands & le mariement des grandes affaires rendent naturellement secret & apprennent à parler peu : cela vient de ce que le commun des hommes s'imagine follement que tout ce que dit un homme de Cour, quelque frivole qu'il soit, que tout ce qui lui échappe par hazard, doit être profond & myſtérieux, s'il a le moindre rapport aux affaires du tems. Comme ceux qui ont entendu ces choſes ſont portez par leur vanité à les citer, les Grands parlent rarement des grandes affaires, & lorſqu'ils en entendent parler ils prennent ſoigneuſement garde que ni leurs reponſes ni leur air ne découvrent leurs vrais ſentimens. Il arrive quelquefois qu'un mot échappé par mégarde, un ſourire fait mal à propos, ou quelque marque de ſurpriſe ont fait découvrir un grand deſſein ; & l'ont fait échouer. Les gens de Cour doivent avoir la même retenue dans leurs diſcours ſur les affaires particulieres, de peur que ce qu'ils en diſent ne ſoit pris dans un mauvais ſens & ne ſoit empoiſonné par la malice ou l'imprudence de ceux qui l'entendent ; ce qui arrive auſſi ſouvent à la Cour que dans le moindre village. Plus d'un homme à la Cour s'eſt fait des affaires par ſes diſcours que l'on a répandu sourdement & à quoi la malignité a donné le tour qu'elle a voulu. Il arrive que la même chose rapportée en propres termes, mais d'un ton différent, a produit le même mauvais effet. Quand le changement fait dans les termes a été considérable; on en a cru ce qu'il y avoit de criminel & de controuvé, d'autant plus facilement que ce qu'il y avoit d'innocent dans le discours étoit averé.

J'éclaircirai ceci par l'Histoire du jeune *Neron*, fils de *Germanicus*, lorsqu'il étoit à la Cour de *Tibere*; elle fait bien voir les jalousies des Princes & le génie des Cours. Ce jeune Prince étoit extrémement chéri du Peuple Romain qui avoit eu des adorations pour son pere; cela donna du chagrin & de noirs soupçons à l'Empereur son grand-oncle, & grand-pere par adoption. *Sejan* qui avoit déja empoisonné *Drusus* fils de l'Empereur & qui projettoit la ruine entiére de toute la Maison régnante, fomentoit la haine & les craintes du vieillard qui étoit sur le Throne, par des rapports malins, & des bruits sourds au sujet du jeune Prince héritier présomptif de l'Empire. Il se servit pour cela de l'entremise de quelques fourbes ses espions, qui rapportoient & empoisonnoient tout ce qui échappoit à *Neron*. On le maltraitoit & on lui faisoit mauvais visage, pour lui arracher quelque plainte amere & imprudente dont on se pût prévaloir pour le mettre mal dans l'esprit de l'Empereur. Outre cela ses Domestiques & ceux de sa Suite impatiens de le voir revêtu de l'autorité Souveraine, pour faire leur fortune eux-mêmes, étoient continuellement à ses trousses pour l'encourager à profiter de l'amour du Peuple & à remplir les désirs de l'Armée, le seul moyen à leur avis de réprimer l'insolence de *Sejan*, qui le traitoit en jeune homme, & son grand-pere en vieillard imbécille.

Quelque modeste que fût naturellement le jeune Prince, tant de suggestions le tiroient d'une modération circonspecte, nécessaire dans la situation où il se trouvoit, à cause de tant d'yeux ouverts sur lui. Il laissa échapper quelques expressions qui à la vérité ne découvroient aucun mauvais dessein, mais elles étoient imprudentes & sentoient la désobéissance. Les espoirs qu'on avoit mis autour de lui ne manquérent pas d'en faire le rapport à *Tibere* avec une glose maligne. *Neron* n'apprit rien de tout ce dont on l'accusoit : loin d'être reçu à se justifier, il découvrit autour de lui plusieurs signes de mauvais présage : certaines personnes de la Cour évitoient soigneusement de le rencontrer, d'autres se contentoient de le saluer & disparoissoient le moment d'après ; plusieurs avec qui il commençoit une conversation la rompoit brusquement tandis que les créatures & les partisans de *Sejan* regardoient tout cela avec un sourir malin. *Tibere* recevoit toûjours le jeune Prince avec un air sévére, ou avec un sourire forcé & insultant, & soit que *Neron* se tût ou qu'il parlât, il étoit également criminel. La chambre où il couchoit, les ombres même de la nuit ne pouvoient le garantir des atteintes de ses ennemis, & de ses accusateurs ; ses inquiétudes & ses veilles, ses soupirs & ses songes, tout cela étoit rapporté par sa femme à *Livie* sa mere qui ne manquoit pas d'en faire part à *Sejan*

jan son adultére. Ce malin Politique gagna *Drusus* le jeune frere de *Néron*, & l'obligea en qualité d'héritier de l'Empire après lui, étant aussi plus aimé *d'Agrippine* leur mere commune, il l'engagea, dis je, à se joindre au parti de ses ennemis : Voilà encore un nouveu sujet de jalousie & de prévention pour *Tibere*. Ce fut dans le même tems que *Sejan* trama un dessein contre la vie de *Drusus*, qu'il savoit être un esprit fier & fougueux, par conséquent propre à donner dans tous les piéges qu'on voudroit lui tendre. C'est ainsi qu'il méditoit la perte de ces deux jeunes Princes, & de leur mere, lorsqu'une mort sanglante & juste prévint l'exécution de ses projets. *Caligula* frere de *Drusus* & de *Neron* étoit meilleur Courtisan qu'eux, il étudioit l'humeur & l'esprit de l'Empereur, & s'y conformoit entiérement : sur-tout il en avoit appris parfaitement la dissimulation : *Simulationum falsa in sinu avi perdidiscerat.* Après qu'on eut condamné sa mere, & ses freres à l'exil, il ne lui échapa pas un mot, non pas même un soupir, aucun signe de ressentiment ou de pitié. Il n'y a point de lieu où les passions soient plus vives qu'à la Cour, il n'y en a point non plus où leurs symptomes extérieurs soient plus communément étouffez.

SECTION IV.

Des Rapporteurs & des médisans des Cours. Combien la finesse s'éloigne de la prudence.

LE métier de médisant & de rapporteur comme tous les autres, devient lucratif à mesure qu'on l'encourage, & comme il est facile à faire, on ne manque guéres de gens qui l'entreprennent. A quoi faut-il moins de travail & de conscience qu'à inventer une Histoire, ou à l'envenimer pour nuire à quelqu'un ? Sur-tout si celui qui en est le sujet n'est point écouté pour se justifier, si on ne lui confronte point ses Accusateurs, & s'il ignore peut-être, qu'il en ait jamais eu. Tous les hommes sont avides de nouvelles ; ils aiment à entendre des Histoires secrettes, & à mesure qu'on a ce goût on accueille & l'on encourage ceux qui l'entretiennent. La Cour est le lieu où ces gens-là font le mieux leurs affaires. Les Grands sont à la discrétion de cette engeance de rapporteurs, plus qu'ils ne sauroient se l'imaginer. Ces pestes de Cour les suivent comme leur ombre, ils épient les momens où ils sont le moins sur leurs gardes ; ils remarquent quand ils sont gais & ouverts, contents ou chagrins, ou quand ils songent profondément à quelque affaire; & les fourbes ne manquent pas de faire leur profit de tout. Ils savent le caractère des personnes, ils connoissent celui que leur Patron aime, celui qui lui déplaît, celui qui lui est indifférent, & tout ce qu'on peut croire de chacun d'eux, ils les louent ou les mettent mal dans l'esprit des Grands qu'ils approchent, flattent l'un, dénigrent l'autre, l'amadouent, l'effrayent, ou le divertissent selon que son humeur ou leurs menées l'exigent. Si à ces beaux talens ils savent joindre celui de bouffon, & faire des tours de malice, les voilà accomplis en leur espéce : infame talent que celui qui ne sert qu'à

F ij

nuire, semblable au poison qui ne peut que donner la mort! *Vatinius* étoit un plaisant de cette trempe, on l'avoit tiré d'un échope pour l'introduire à la Cour en qualité de bouffon : cet avanturier ayant l'esprit tourné à la malignité & à la satyre sanglante, se rendit bien-tôt la terreur de tout homme qui avoit du mérite. Il surpassa bien-tôt tous les instrumens d'iniquité de la Cour de *Neron* en richesses, en crédit, & en pouvoir de faire du mal.

Il y a dans toutes les Cours des gens qui se font connoître & qui s'avancent par le seul talent qu'ils ont d'être complaisans, bouffons, & rapporteurs; & es Cours sont les endroits du monde, où les gens sans mérite & les scélerats font le plus de mal : un barbier, un portier, un valet de chambre, un enfant même, peuvent être cause d'un grand malheur. Quelques chétifs que soient les auteurs des faux rapports ils trouvent des gens qui les écoutent & qui se font écouter par d'autres. Des contes qui ont passé par cent bouches, dont on a peine à découvrir l'Auteur tant il est abject; le babil même d'une femme de chambre, peuvent influer considérablement dans les plus grandes affaires.

Quelque raison pourtant qu'on ait après ces considérations de mettre un frein à sa langue & d'être sur ses gardes à la Cour, il n'est pas impossible d'y avoir de la sincérité ; de la probité, & de ne se passer de tromper personne. Il est vrai qu'il est souvent nécessaire de laisser les gens se tromper eux-mêmes ; & que ce seroit une grande imprudence de les détromper. Il est certain encore que dans le maniement des grandes affaires, il est permis de s'écarter des régles austéres de la Morale : cela est triste, mais inévitable. Les besoins de l'Etat & la perversité du cœur humain rendent une telle conduite nécessaire. Si un homme en place s'avisoit de dire ouvertement tout ce qu'il pense, tout ce qu'il sait, & tout ce qu'il a en vue, il exposeroit son pays à une perte certaine, deviendroit lui-même la fable & la risée de tout le monde, & risqueroit peut-être à monter sur l'échaffaud. Le moins qu'on doive faire est de sauver les apparences, d'être reservé & circonspect dans ses expressions ; on ne trouve pas mauvais qu'un homme garde le silence sur ces matiéres. J'en connois qui se sont dignement acquitez d'une Ambassade délicate, d'autres qui ont terminé des négociations pleines de difficultés, d'autres qui ont rempli les postes les plus éminents & qui avec cela ont conservé la réputation de gens d'honneur & d'une probité sans tache. Cela fait voir que ce que je viens de dire est possible. Il peut arriver même que l'engagement qu'on a pris de rendre service à son tour, auquel on a manqué, porte plus de préjudice à celui qui n'a pas tenu sa parole que le service qu'on lui a rendu ne lui a fait de bien. Le Cardinal de *Richelieu* ne donnoit qu'avec peine de l'argent & des promesses, mais il faisoit toujours plus qu'il ne promettoit: cela donnoit beaucoup d'ardeur & de fidélité à ceux qui s'attachoient à lui. Le Cardinal *Mazarin* ne refusoit rien de ce qu'on lui demandoit, & ne tenoit rien de ce qu'il promettoit; aussi ne le croyoit-on en rien, & sa mauvaise foi passoit en proverbe. Jamais homme aussi ne fut ni plus haï ni plus méprisé dans le poste qu'il occupoit; il ne pouvoit se fier à aucun parti parce qu'il les avoit tous trompez. Rien ne pouvoit le soutenir que l'opiniâtreté aveugle de la Reine mere, & toute l'autorité Royale armée pour sa défense. Il fut malgré tout cela, obligé de s'enfuir, & de se cacher pour sauver sa vie: le Parlement avoit mis sa tête à prix, & avoit ordonné qu'on lui courût sus comme à un ennemi public. Il n'avoit pourtant pas porté si haut l'autorité Souveraine que son prédécesseur, & ne l'avoit jamais fait éclater d'une maniére si terrible. Mais n'ayant ni honneur ni bonne foi il n'avoit aucun véritable ami. *Richelieu* est encore aujourd'hui regardé comme un Ministre absolu à la vérité, & sévère, mais comme un très-grand génie, & qui tenoit exactement sa parole à tous ceux à qui il la donnoit. *Mazarin* n'étoit ni cruel ni vindicatif, mais il avoit l'ame basse & sordide, il s'attachoit à de petites finesses & au mensonge. Tout l'éclat du Ministère & de la Pourpre ne pouvoit empêcher qu'on ne découvrît en lui l'Italien tout pétri de petites fourberies.

La Ruse est une qualité méprisable, & qui se trahit elle-même. Celui qui s'en sert ne peut se déguiser long-tems : lorsqu'il est découvert il est desarmé, & tourne tout le monde contre lui, s'attire la haine ou la mocquerie, & le mieux qui lui en arrive est de n'en tirer aucun avantage. Lorsque le fourbe agit avec le plus de sincérité on croit qu'il médite quelque fourberie. Que gagna *Tibere* avec toute sa profonde dissimulation & ses artifices, si ce n'est de faire donner un mauvais tour à ses actions les plus innocentes & d'empêcher qu'on ne crût ce qu'il disoit avec les plus de sincérité ? *ad vana & totiens inrisa revolutus, de reddenda Repub. &c. vero quoque & honesto fidem dempsit.* Que gagna Philippe second Roi d'Espagne, par cet étalage embrouillé de sa fausse Politique afin de mettre sur le compte de son Ministre *Antonio Perez* les fautes que le Roi avoit faites lui-même ? Il fit croire fermement ce qu'on n'avoit fait que soupçonner. On peut accorder la sincérité avec la prudence, & souvent un procedé franc est un effet de l'habileté selon la réputation qu'on se fait.

Les

Les Courtisans même peuvent conserver leur probité sans s'exposer, & ils ne sauroient bien conduire aucune affaire sans employer la franchise & la candeur. J'ai ouï assurer à de fort habiles gens que l'on est plus souvent trompé par trop de défiance que par un procédé trop ouvert. J'ai remarqué aussi dans les gens de Cour autant de bonne-foi qu'on en puisse trouver en toute autre personne du monde. Il est ridicule d'employer la reserve & la dissimulation en toutes choses. Je ne connois pas des gens plus dignes de mépris que ceux qui se donnent l'air de gens affairés & mystérieux. J'ai vu des Courtisans du second rang, faire les importans, les froids & les circonspects comme s'ils eussent eu toutes les affaires de l'Etat sur les bras. Cette affectation les accréditoit parmi leurs Domestiques, les Artisans de la Ville, leurs Fermiers & leurs voisins à la campagne; tandis qu'elle donnoit à rire à ceux qui y voyoient plus clair. Il y en a d'autres qui croyent de bonne foi, avoir part à tous les secrets, qui prennent des signes de tête & d'épaule, des monosyllabes & des mines pour des confidences. Ils vivent ainsi dans une honteuse ignorance, s'imaginant être des gens de tête, & à qui rien n'est caché. Il y en a, mais peu, qui bien loin d'avoir l'impertinence de faire accroire qu'on leur communique des secrets quand cela est faux, prennent bien garde, quand cela est vrai, d'en donner rien à connoître. Les hommes de ce caractère sont les plus estimés à la Cour, & ceux qui s'y avancent le plus.

SECTION V.

Combien les gens de néant fourmillent dans les Cours, & pourquoi.

DAns une grande maison, où il y a beaucoup de Domestiques, on a beau prendre soin de n'en recevoir que sur de bons témoignages, on a beau avoir l'œil sur leur conduite, il ne laisse pas d'y en avoir qui sont indignes de leurs emplois & qui font deshonneur à leur Maître. Combien plus cela doit-il être vrai à la Cour où les emplois & les Officiers sont en si grand nombre, où tant de gens ont droit de nommer, de recommander les personnes pour remplir les postes, & où tant de gens le font par des motifs pitoyables, bizarres & intéressés ; trop souvent même par des considérations infames & scandaleuses. Il n'est donc pas surprenant que comme c'est à la Cour qu'on trouve les personnes les plus polies, on y trouve aussi une indigne racaille ; des gens ignorans, mercenaires, ridicules & dégoutans, qui doivent leur fortune au hazard, à un nom, à un parentage, que dis-je, à leur impudence & à leur sottise. Celui-là même qui ne peut prétendre à rien, faute d'éducation, de capacité, d'honneur, d'esprit, d'agrément ou de simple sens commun, y aspirera à une place, & l'obtiendra vraisemblablement. Cela est sans remede, celui qui distribue les faveurs ne choisit pas les sujets, il a de plus puissantes raisons de faire plaisir au patron du prétendant que de rejetter le sujet qu'on lui recommande. J'ai connu l'ami, le parent même d'un grand Ministre, qui manqua deux fois un emploi qu'on lui avoit destiné, & dont on fut obligé de disposer autrement par une puissante recommandation. La premiere fois on donna cet emploi à un homme inconnu au Ministre, inconnu à celui qui le recommandoit & que la Dame qui parla pour lui ne connoissoit pas non plus. Cet inconnu avoit donné de l'argent au valet de chambre d'un Gentilhomme, ce valet faisoit l'amour à la suivante de la Dame, & obligea sa maîtresse d'intéresser la Dame qu'elle gouvernoit, à gagner le patron qui recommanda le prétendant : la Suivante l'entreprit & en vint à bout. L'ami du Ministre se mit de nouveau sur les rangs quand l'emploi devint vacant, & eut le chagrin d'en voir revêtir une personne que le Ministre méprisoit jusqu'au dégoût : mais il fut obligé de sacrifier ses sentimens, son aversion, & son ami à une recommandation qui ne valoit pas mieux que la premiére. J'ai oui dire que dans une conjoncture aussi délicate que celle d'une rebellion, un homme écrivit de la même main dont il entretenoit correspondance avec les rebelles, une Lettre qui procura une fort bonne gratification à son frere aussi affectionné aux rebelles que lui, & qui s'étoit distingué dans un lieu assez public par les traits d'un mal intentionné & par des santés qui déclaroient sa mauvaise volonté contre le gouvernement. Dans ce dernier exemple il ne falut ni argent ni intrigue : celui qui recommandoit son frere s'étoit parjuré une fois pour un Grand, dans une affaire délicate, ce Seigneur n'avoit ainsi rien à lui refuser. S'il s'étoit signalé au service du Public, on auroit eu peut-être moins d'égards pour lui, peut-être auroit-il eu peine à se faire écouter, comme eurent tant d'autres en semblables cas. Mais épargnons la memoire de cet illustre mort.

Il arrive fort souvent que les Grands avancent des gens qui ne leur plaisent point, & d'autres qui ne leur font point d'honneur : ils le savent quelquefois ; souvent c'est sur des mauvais mémoires : & dans tous les deux cas, ils se laissent aller à la sollicitation & à l'importunité. Les gens de mérite n'ont pas assez de vivacité sur l'intérêt, ils manquent souvent d'application & de hardiesse : au lieu que ceux qui n'ont aucun talent estimable manquent rarement d'être importuns & effrontée. C'est souvent un avantage à un homme d'être insensible à la honte, & de ne pas connoître qu'on se joue de lui ; j'en connois à qui cette heureuse insensibilité a fait faire leur fortune. Un homme qui a du jugement se paye de raison, & s'il voit qu'on lui en donne une frivole, il la prend pour un refus. Peut-être a-t-il trop d'orgueil pour s'abbaisser à se rendre un suppliant importun ; mais celui qui n'a pas assez d'esprit pour lâcher prise, ou pour comprendre ce qu'on veut lui dire ; qui ne sent point les refus, qui n'a pas honte de mendier, & de fatiguer les gens en place, qui a un front d'airain, & une impertinence opiniâtre, se met en beau chemin pour faire réussir ses prétentions: s'il ne peut point persuader les Grands, il est capable d'épuiser leur patience. Il recueille les fruits des talens dont il est entiérement dépourvu. A force d'en manquer, on le méprise & on l'avance : un peu de sens & de modestie auroient tout gâté, il n'auroit point déplu & on l'auroit oublié.

Voila quelle est la force de la recommandation, non-seulement sans raison mais même contre la raison. Tel est l'effet de l'assiduité dépourvue d'esprit! Il y a des contraditions étranges dans le naturel & dans l'éducation des hommes : les uns sont capables d'affronter la mort sous quelque forme qu'elle se présente, & ne sauroient dire deux mots à un Sécretaire d'Etat sans trembloter, ce qui ne déconcerteroit pas le moindre laquais: d'autres peuvent haranguer dans une grande assemblée, & sont réduits à se taire dans une compagnie de femmes, théatre avantageux à un page ou à un petit-maître ignorant pour y étaler les charmes de son éloquence. Quelques-uns ont des talens & ne savent pas les employer ; d'autres ont de la capacité & manquent d'application ; d'autres se nuisent à eux-mêmes par un excès d'application qui n'est point conduite par le jugement. Plusieurs ont de l'habileté, de l'esprit, & de l'activité qu'ils peuvent employer pour servir un ami sans pouvoir en tirer aucun usage pour eux-mêmes. On trouve dans quelques-uns des talens merveilleux rendus inutiles par des passions qui les dominent ; en d'autres un courage & un esprit supérieurs obscurcis par une modestie enfantine. Il y en a un plus grand nombre encore, en qui l'on ne découvre aucune bonne qualité naturelle ou acquise, qui s'avancent souvent plus que tous les autres. Ainsi dans l'assemblage divers des choses humaines la fortune semble déployer son caprice à l'envi de la nature.

J'ai déja reconnu qu'il est impossible qu'il n'y ait à la Cour un grand nombre de gens sans mérite vû le nombre de voies par où ils peuvent s'y introduire. C'est sur leur compte qu'on doit mettre une bonne partie du mal qu'on dit des Cours & des Ministres, de même que la perfidie & les tours indignes de ces petites gens que l'on attribue souvent mal à propos au genie de la Cour & aux personnes en place. Il est ordinaire & injuste d'attribuer à tous les Courtisans sans exception, la mauvaise foi & l'ingratitude : Je crois bien qu'il y en a qui ont l'esprit assez bas & assez mal tourné pour se piquer de jouer de vilains tours, afin qu'on les prenne pour de parfaits Courtisans. C'est de la part de ceux de cet indigne caractère, que viennent les plaintes & les reproches qui suivent la disgrace d'un Ministre. Ces gens-là respectent l'autorité

& non la personne, quoique leur fortune soit l'ouvrage du Ministre disgracié, que son crédit les ait mis en place & qu'ils jouissent encore des bienfaits qu'il leur a procuré ; bien loin de lui donner la main pour le relever ils sont prêts à le pousser dans le précipice. Voila le caractère des cœurs faux, des renégats. C'est ainsi que *Sancho*, ce fameux Ecuyer de *Don Quichotte*, abandonne le parti du pauvre *Basile*, pour embrasser celui du riche *Gamache*, attiré par l'odeur des marmites & du rôt.

A quoi peuvent s'attendre les Ministres qui ramassent dans la poussière ces serpens pour les réchauffer dans leur sein, si ce n'est d'en être piqués ? Les cœurs bas attachés à un sordide intérêt & pleins d'impudence ne sauroient être sensibles à la reconnoissance & au point d'honneur de même que ceux qui ont de la modestie & de l'honneur, ne peuvent jamais tomber dans l'ingratitude & dans la lâcheté. Malgré tout ce que je dis il y auroit trop à faire de purger la Cour des gens indignes, non seulement à cause que les mêmes motifs qui les ont recommandé les maintiennent dans leurs postes, mais encore parce qu'il y a un grand nombre de prétendans qui se présentent pour remplir leurs places, appuyés par tant de patrons & de médiateurs qu'il y en auroit plus de ceux qu'on désobligeroit que de ceux à qui l'on feroit plaisir par le changement des sujets. Il pourroit même arriver après tout, que le dernier venu ne vaudroit pas mieux que les autres. Il est bien difficile encore que ceux qui sont dans de grandes places remédient aux extravagances & aux concussions de leurs subalternes, sur-tout quand le désordre est général & invétéré. Tous les hommes & les Grands même, souhaitent de vivre en paix avec ceux qu'ils voyent tous les jours, & ne veulent point se faire haïr de leurs Officiers inférieurs. Quoique ce soient de petites gens, ils font un grand nombre & sont appuyés par tous ceux qui sont intéressés au désordre : leurs plaintes & leurs clameurs peuvent porter préjudice au Ministre le plus accrédité & lui causer de l'inquiétude.

SECTION VI.

De l'inconstance, & du peu de bonne foi des gens de Cour.

JE vis une fois mettre à l'épreuve la fermeté & la reconnoissance des gens de Cour, dans une occasion où l'on craignoit un changement de Ministère. J'observai tout ce qui se passoit avec toute l'exactitude possible, & le résultat de mes remarques me confirma dans l'idée que j'avois & que j'ai encore des gens de Cour. Il y en eut dans la circonstance dont je parle, qui donnerent des preuves éclatantes d'un attachement inébranlable au Ministère d'alors ; d'autres se tenoient sur leurs gardes dans un profond silence : mais un grand nombre montrerent à contre tems leur humeur volage & intéressée. La conduite de la plupart d'entre eux peut servir de leçon aux Grands de ne s'appuyer que sur la sagesse & sur l'innocence.

Un peu avant la mort de *Tibere*, déja abandonné des Médecins, il courut un bruit qu'il étoit mort, incontinent les Courtisans se rendirent en foule auprès de *Caligula* heritier présomptif de l'empire ; ce fut un débordement de félicitations & de démonstrations de zéle ; il sortit avec cette nombreuse suite pour se mettre en possession de l'autorité Souveraine, lorsque les nouvelles vinrent que l'Empereur qui étoit tombé dans une pâmoison étoit revenu à lui & avoit demandé quelque confortatif. Une terreur soudaine saisit toute cette foule : la plupart s'enfuirent & se disperserent ; quelques-uns prirent un air triste, plusieurs firent semblant d'ignorer ce qui s'étoit passé : *Caligula* étoit tout éperdu, il se voyoit du plus haut faîte de la grandeur précipité dans une ruine totale : le seul *Macron* conserva son intrépidité ; il ordonna à tout le monde de sortir de la chambre, & fit ensuite étouffer l'Empereur à force de couvertures.

Entre un grand nombre d'excellentes choses, & le sens exquis qu'on trouve dans les Mémoires du Cardinal *de Retz*, on voit des peintures fréquentes de la Cour, & sur-tout au commencement des troubles de Paris. Dans le Palais Royal, & encore plus dans le Cabinet, chaque courtisan jouoit un rolle particulier: le Coadjuteur celui d'innocent & de dupe, ce qu'il n'étoit pas; *Mazarin* montroit plus de courage qu'il n'en avoit réellement. La Reine mere montroit de la modération & de la douceur par intervalles & par boutade, dans le tems qu'elle avoit la douleur & la rage dans le cœur. Le Duc de *Longueville* faisoit l'affligé dans le tems qu'il ressentoit une joie extrême, étant l'homme du monde qui prenoit le plus de plaisir au commencement de toutes les affaires. Le Duc *d'Orleans* parloit à la Reine avec beaucoup de chaleur & de véhémence, & se mettoit ensuite à siffler à son ordinaire, avec la plus grande indolence du monde. Le Maréchal de *Villeroi* montroit beaucoup de gayeté & d'indifference pour faire sa Cour au *Mazarin*, mais il disoit au Coadjuteur la larme à l'œil que l'Etat étoit sur le bord du précipice. Mrs de *Beautru* & de *Nogent* bouffonnoient pour faire leur Cour à la Reine; ils plaisantoient sur les troubles quoiqu'ils vissent bien tous deux que selon toutes les apparences leur farces seroit suivie d'une sanglante Tragédie. Le seul Abbé de la *Riviere*, le poltron le plus averé de son tems; s'imaginent que le soulevement des Parisiens n'étoit qu'un feu de paille; il l'assuroit positivement à la Reine à qui cela faisoit plaisir. Pour finir l'assortiment des Acteurs de la pièce, le Maréchal de la *Meilleraye* qui jusqu'alors s'étoit joint au Coadjuteur pour représenter les conséquences terribles des troubles, changea de personnage, & fit celui de champion de la Cour, se revêtant d'un autre langage & d'autres sentimens: En fort peu de tems la Cour fut remplie de mépris, de défiance & de rage les uns contre les autres. *Mémoires de Retz.* Vol. I. pag. 122.

La Reine & le Cardinal prenoient tous ceux qui leur disoient la vérité pour ennemis, & pour suppôts de la rebellion, ou tout au moins pour des mal intentionnés. Quand on se voyoit payé de sa sincérité en pareille monnoie, qui auroit voulu risquer de perdre son poste ou son crédit par un procedé franc? C'est ainsi que faute de bons Mémoires, de gens qui donnassent des avis sincères, & faute encore d'avoir de la confiance pour ceux qui en donnoient, l'Etat se vît à deux doigts de sa perte. Tout le détail de cette grande affaire dans les Mémoires du Cardinal de *Retz* est rempli d'incidens curieux, de fortes & de judicieuses réflexions, comme presque tout le Livre.

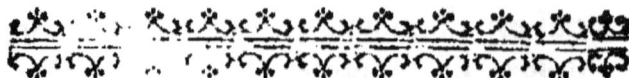

TROISIÉME DISCOURS,

Sur les Armées & les Conquêtes.

SECTION I.

Combien l'entretien des grandes Armées est à charge & dangereux.

LA plupart des Princes s'entêtent de fausses idées de gloire, & prennent plaisir à faire la Guerre. Il est certain qu'il y a une véritable gloire à être grand guerrier quand une Guerre est nécessaire ; mais pour une de juste qu'on trouve dans l'Histoire on en trouve plus de vingt qui ne le sont pas. S'engager à faire la Guerre pour satisfaire un caprice ambitieux, pour cueillir des lauriers ou pour satisfaire son humeur fantasque & chagrine, c'est sacrifier le sang, les biens, les Peuples, & le bonheur d'un Etat à une fausse idée d'Héroïsme, ine, c'est sacrifier tout ce que je viens de dire au but honteux & intéressé de rendre un Etat la proie d'un Heros. N'importe que cet Etat soit conquis ou conquérant, car dans les deux cas il tombe dans l'esclavage du Prince guerrier. La raison des Conquérans est la raison du plus fort: sous prétexte qu'il a défendu ou conservé un pays il croit pouvoir l'opprimer, le réduire en servitude; & pour en défendre une partie se rendre le maître de tout. Les Guerres produisent les Armées, l'entretien des Armées produit les impôts, & les impôts rigoureux appauvrissent un pays & en font déserter les habitans. Cela arrive lors même que les Armées ne commettent point de violences, ce qui est bien rare. Il faut de toute nécessité que les grandes Armées soient occupées à faire du mal au dehors pour les empêcher d'en faire au dedans, ainsi les Peuples sont nécessairement épuisés & opprimés pour tenir les gens de Guerre en haleine.

Le Grand Seigneur pour n'être point exposé à la fureur de ses Janissaires est obligé de tourmenter ses voisins lors même qu'il n'y a que des coups à gagner. Il ne fait ainsi qu'augmenter le péril qu'il veut éloigner. Si au moyen de ses Armées il met tout le monde dans l'esclavage, il devient lui-même l'esclave de ses Armées, & souvent leur victime. Le moins qu'il ait a craindre quelquefois est de sacrifier à leur fureur le sang de ses plus braves Officiers, & de ses plus fidéles Conseillers. Si c'est la gloire du Monarque de pouvoir mettre à mort tous les hommes, les plus grands même, sans forme de procès, sa propre personne est sujette à être poignardée avec aussi peu de formalité par ses propres Esclaves devenus insolens. Qu'est-ce qui pourroit le sauver ? Ses Sujets qu'il opprime ne l'aiment point : ils sont désarmés & ne pourroient pas le sauver quand ils le voudroient. Voila le bonheur dont jouissent les Princes qui ont une autorité sans bornes, exempte des entraves des Loix.

SECTION II.

Si les grandes Armées bien disciplinées sont moins à craindre dans un Etat que celles qui ne le sont point. Leur esprit & leurs vûes.

BIEN loin que les Armées les mieux disciplinées soient moins à craindre par rapport à la Liberté du pays qui les a sur pied, je crois qu'elles le sont davantage. Le relâchement dans la discipline, les rendant moins unies, les affoiblit & les met par conséquent hors d'état de faire le mal dont elles sont capables quand leurs forces sont unies; auquel cas elles peuvent exercer les plus grandes injustices. Les Troupes mal reglées peuvent piller les Particuliers & les Villes entières, ravager un pays: mais si l'on veut mettre des Nations entières sous le joug, s'enrichir des depouilles des Royaumes entiers, usurper un Empire; alors les Troupes doivent être parfaitement disciplinées. C'est avec une Armée victorieuse, & bien commandée qu'*Agathocès* massacra toute la Noblesse de Syracuse & se rendit ainsi le maître de la plus fameuse des Villes Grecques de Sicile. *Cromwell* se rendit maître de l'Angleterre avec les Troupes les plus retenues & les mieux disciplinées qu'on ait jamais vu dans cette Isle & peut-être ailleurs. Ce fut avec l'élite des Armées Romaines que *César* se rendit le Tyran de Rome.

Les Soldats ne connoissent autre chose de leur métier que le pillage & l'obéissance aveugle à leurs Chefs. Ils font tout ce que leur intérêt & leur avidité leur suggèrent, & exécutent tout ce que leurs Officiers leur commandent. Leur manière est de vouloir tout avoir de haute lutte. Ils ne connoissent que trop tôt leurs forces, & quand ils sont en état de balancer le pouvoir civil, ils y veulent tout régler à leur fantaisie: *Sua in manu sitam rem Romanam ; suis victoriis augeri Rempublicam.* Ils trouvent à dire à tout; ont toujours une réponse prête, & leurs raisons à la pointe de l'épée: *Preces erant, sed quibus contradici non posset.* A les entendre ils ont rendu de grands services, ils ont souffert de grandes injustices: ils veulent se faire justice, & se payer par leurs propres mains : c'étoit le raisonnement de *César* : *Hæc voluerunt tantis rebus gestis, C. Cæsar condemnatus essem nisi ab exercitu auxilium petiissem*. On allegueroit en vain qu'une Armée qu'on leve parmi les naturels du pays, sur-tout quand les Officiers en sont eux-mêmes, ne voudra point faire de tort ou opprimer sa propre patrie : l'Armée de *Cromwell*, de *César*, & tant d'autres Armées qui ont mis un pays dans les fers étoient de cette nature : on met bien-tôt les Armées sur le pied qu'on veut, & les Officiers qui ne plaisent pas sont bien-tôt cassés.

Aucun Gouvernement ne peut subsister sans des forces, & où les forces se trouvent c'est-là que le Gouvernement reside aussi, ou ne manquera pas de resider. Les Etats libres se sont maintenus dans leur liberté en armant leurs propres Sujets, intéressés à la conservation de cette même Liberté. Ils levent des Troupes dans leur propre pays, pour le défendre dans les occasions, & les congédient quand ils n'en ont plus à faire : les Soldats retournent à leur premier état & font partie du Peuple libre. On change souvent les principaux

Officiers, ou si on les continue dans leurs emplois, leur commission n'est qu'à tems sous la direction des premiers Magistrats de l'Etat ; souvent sous celle d'une autorité égale, comme sont les Députés des Provinces-unies à l'égard de leurs Généraux. Il est bien rare que les Etats qui n'ont pas pris ces sortes de précautions n'ayent pas perdu leur Liberté : leurs Généraux ont travaillé pour eux-mêmes & ont tourné les armes qu'on leur avoit mises entre les mains, contre leurs maîtres. C'est ce que firent *Marius, Sylla, Cesar, Denis* de Syracuse, *Agathocles, Charles Martel, Olivier Cromwell* & plusieurs autres, & ils l'exécuterent tous par les mêmes moyens. C'est ce qui arrive fréquemment dans les Monarchies de l'Orient, & c'est ainsi que tous les Princes de l'Europe dont l'autorité est absolue ont acquis cette même autorité. L'expérience de tous les siécles apprend que les vues de tous les hommes sont de s'emparer de la puissance & des richesses ; il seroit ridicule de se flatter qu'ils ne se serviront pas des moyens qu'ils ont entre les mains pour parvenir à leur but, & c'est une très-grande imprudence de leur confier ces moyens. Les hommes en place ne manquent jamais de prétextes qu'ils tirent de leur propre sûreté, ou du bien public pour justifier les entreprises qui leur ont réussi. Il se trouve un grand nombre de gens prêts à les justifier & à consacrer leur puissance : la plupart des autres s'y soumettent & avec les tems croyent de bonne foi cette autorité juste & nécessaire ; ils peuvent venir à croire qu'elle a été obtenue miraculeusement, & que c'est une action toute céleste que celle d'usurper l'autorité Souveraine.

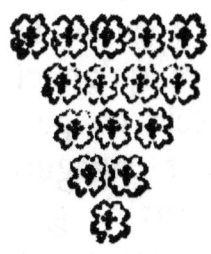

SECTION III.

Les Princes dont le Gouvernement est fondé sur la puissance Militaire sont toujours à la discrétion de leurs Troupes.

C'EST par les moyens que je viens de dire que de simples Particuliers parviennent à la Souveraineté, & que les Princes dont l'autorité étoit bornée par les Loix ont acquis un pouvoir arbitraire; mais il y a un mal attaché à cette sorte de puissance; c'est qu'on peut la perdre souvent par les mêmes moyens qui l'ont acquise. C'est par la violence qu'on l'a acquise & c'est par la violence qu'on est obligé de la maintenir: cela ne peut se faire sans que les Princes engagent dans leurs intérêts un Corps de gens assez considérable pour soutenir leur usurpation. Il arrive la plupart du tems, que ces gens-là ne connoissant d'autre intérêt que le leur propre dans le service d'un Tyran, si cet intérêt cesse, & s'ils trouvent mieux leur compte à le perdre, ils manquent

quent rarement de le faire. C'eſt un fait certain que dans tous les grands Etats deſpotiques de l'Orient les Monarques y ſont eſclaves de leurs Soldats qui tuent & depoſent leurs Princes ſelon leur caprice. Le Général des Troupes élève un des Princes du ſang qu'il croit le plus convenable à ſes intérêts, & ſouvent après la mort du Souverain tous les Généraux ſont élévés à la Souveraineté par diverſes parties de l'Armée, ſuppoſé que l'un d'eux ne puiſſe pas ſe rendre le maître de l'Armée entière ; & la Guerre civile continue juſqu'à ce que l'un des prétendans ait fait maſſacrer tous ſes Compétiteurs.

Si cela n'arrive pas dans les Etats de l'Europe qui ſont devenus arbitraires depuis peu de tems, c'eſt à cauſe que le pouvoir Deſpotique n'y eſt pas encore entièrement établi, & que le Peuple y poſſédant quelque choſe en propre y conſerve encore quelque pouvoir, cependant les Généraux y font la même choſe autant qu'ils peuvent. On a des exemples qu'ils ſe ſont élévés eux mêmes à la Souveraineté, & dans preſque toutes les occaſions ils ont été

Tome II.   I

les principaux instrumens des grandes révolutions qu'ils ont tournées selon leurs inclinations, ou leur mécontentement. Cette Isle nous en a donné plusieurs exemples dans l'espace d'un petit nombre d'années.

Combien est-il plus aisé de gagner un petit nombre des principaux Officiers, souvent pauvres & ambitieux, que de persuader à tout un Royaume bien gouverné de travailler à sa destruction? Quelques-uns des Officiers sont mécontens parce qu'on ne les a pas avancé à leur gré, ou qu'on leur en a préferé d'autres. La différence de leur pays ou de leurs interêts les empêchant de convenir sur le choix de leur Général, étant cause aussi qu'ils n'ont pas un crédit égal pour l'avancement des Officiers qui sont à leur gré; ceux d'entre eux qui sont frustrés de leur attente, forment des factions contre ceux qui sont favorisés. Par-tout où les Commissions seront vénales il sera aisé d'acheter les Officiers mal intentionnés s'ils sont capables d'attendre une occasion favorable pour faire éclatter leur mécontentement. Dans un pays déchiré par des factions, si ceux qui tiennent le gouvernail trouvent leur compte à garder des mesures avec la faction contraire, on en avancera les Officiers quelquefois pour faire plaisir à des amis ou à des Favoris : dans d'autres tems on en congédiera d'autres pour obliger un parti, ou pour mortifier l'autre. De nouveaux venus avancés par le moyen de l'argent ou des récommandations se verront au-dessus des vieux Officiers, cela causera de nouveaux mécontentemens qui éclatteront à la premiére occasion. Lorsque le Ministère change, & que l'autre parti gagne le dessus, voilà de nouveaux mécontentemens qui viennent des mêmes raisons ; de sorte qu'à la fin une Armée devient un mélange de toutes les factions d'un Royaume, & chacune d'elles fonde sa fortune & ses espérances sur le succès de son parti. Chaque Particulier fait tout ce qu'il peut pour faire réussir le sien dans les occasions, quelquefois l'une de ces factions, quelquefois aussi toutes de concert, peuvent brouiller les cartes, & voila le prélude d'une Guerre civile.

Ce sera infailliblement la situation

de tous les Gouvernemens Militaires, qui ont toujours des Armées sur pied. On ne trouvera que bien peu d'exemples dans l'Histoire que les Armées ayent négligé de profiter des désordres d'un Etat; peu d'exemples encore d'Officiers mécontens qui n'ayent pas changé de parti. Il n'y en a que trop qui ont fait leur paix par quelque trait de perfidie; ils l'ont faite souvent par des motifs d'ambition & d'avarice. Il seroit à souhaiter que l'Angleterre, ne nous eût pas fourni des exemples de pareilles Armées & même de Généraux qui étoient sous main d'un parti & ouvertement d'un autre. Tout le monde sait le manège de *Cromwell*, de *Monk* & de plusieurs autres Officiers tant de l'Armée du Roi que de celle du Parlement; on n'ignore pas non plus ce qui se passa de plus fraîche datte, dans l'Armée du Roi *Jacques*. Je voudrois que nous fussions également informés des intrigues de cette nature qui se sont tramées depuis ce tems-là. Dans les Guerres civiles, qui désolent un pays, le commerce est si aisé entre les amis, les parens, & les anciennes connoissances, qu'il est très-facile de passer d'un parti à l'autre par les motifs que j'ai dit.

SECTION IV.

Exemples de l'insolence, & de la cruauté de la Soldatesque Romaine.

C'EST une chose étonnante de voir combien des Sujets frivoles & bizarres sont capables de pousser les Soldats à commettre des violences. La sédition de l'Armée de Pannonie après la mort d'*Auguste* fut allumée par un simple Soldat qu'un de ses camarades avoit poussé à cela. Presque toute l'Armée se déchaîna, elle commit des pillages & des massacres, ou appuya les mutins ; les Soldats tuerent leurs Officiers, & le Général courut le même risque, sur la créance d'un mensonge impudemment avancé par un de ces boutefeux. Ces séditieux n'avoient presque d'autre prétexte que la paye & la discipline qui n'étoient pas à leur gré. La révolte excitée par ces deux scélérats ne le borna pas aux Légions de la Pannonie ; elle s'étendit jusqu'à celle de la Germanie, qui commirent encore de plus grands désordres & foulérent aux pieds toutes les Loix Divines & humaines.

Ce fut un simple Soldat qui donna l'Empire à *Claude*, tandis que ce Prince lâche se cachoit dans un coin attendant plutôt la mort que l'Empire. Sous le régne de *Galba* deux Sentinelles entreprirent de faire monter sur le Throne un autre que lui, & en vinrent à bout. On souffre en voyant avec quel emportement ces barbares se portérent à égorger ce bon Prince, sans qu'ils pussent alléguer quoique ce soit contre son Gouvernement, ni au sujet de leur paye ; mais seulement parce qu'il ne vouloit pas épuiser le Thrésor public pour assouvir leur avarice. Ce furent des scélérats déterminés de cette espèce, qui cherchérent à se défaire de *Marius Celsus* homme de trop de mérite & de trop de vertu pour avoir les bonnes graces des gens qui ne se plaisoient qu'au sang & au pillage. Il faudroit un gros volume pour raconter la perfidie & l'inhumanité de ces furieux lorsqu'ils n'eurent plus de frein, ils massacroient & créoient de nouveaux Empereurs, souvent deux, trois, une fois trente d'un seul coup. Ils vendoient l'Empire à beaux deniers comptants, ils assiégeoient les Sénateurs assis sur leur Tribunal, & menaçoient de les massacrer; ils brûlérent le Capitole, mirent le feu dans la Ville, en pillérent les habitans, les passérent au fil de l'épée, traitérent ceux qu'ils avoient épargné comme de vils esclaves, & donnérent plusieurs autres exemples de leur insolence, de leur cruauté, & de leurs désordres.

Les Etats fondés par les Goths étoient Militaires dans leur premier établissement. Le Général étoit Roi, les Officiers étoient la Noblesse, & les Soldats étoient leurs Vassaux. Par la nature de cet établissement les Troupes règlées furent changées en Bourgeoisie. Le Prince leva des milices selon les occasions, mais n'entretint pas des Armées sur pied : ainsi il ne se rendit pas absolu comme l'Empereur des Turcs. Celui-ci ayant inféodé ses domaines parmi sa Cavalerie se seroit dépouillé par-là du pouvoir arbitraire, s'il n'avoit toujours à sa solde un grand corps de Troupes qu'on appelle les Janissaires.

La *Grande Bretagne* n'a conservé si long-tems sa Liberté qu'à cause qu'elle a su se dispenser d'avoir de grandes Armées sur pied. Toutes les fois qu'elles se croyent assez fortes pour mettre un pays dans les fers, elles le font tôt ou tard. La *Grande Bretagne* entretient nécessairement un certain nombre de Troupes pour ses garnisons ; pour prévenir les émutes & les révolutions soudaines ; l'expérience des tems passés & la prudence des Parlemens ont appris combien il en faut pour cela.

SECTION V.

Combien l'esprit de Conquête est vain, imprudent & pernicieux.

LEs Athéniens commencérent la destruction de leur République par la Guerre insensée & ruineuse qu'ils porterent en Sicile; & l'ambition de subjuger un Peuple qui ne leur avoit fait aucun tort les exposa aux attaques des Lacédémoniens, à la révolte de leurs propres Sujets, à des troubles Domestiques, & à une révolution dans leur Gouvernement. Ils firent quelque figure, il est vrai, après le rappel d'*Alcibiade* & remporterent quelques victoires, mais à la fin ils furent vaincus par *Lysandre*, leurs murailles rasées, & les pays qui leur obéissoient mis en liberté, eux-mêmes se virent soumis à la domination de trente Tyrans, & ne recouvrerent jamais plus leur ancienne gloire. Les Lacédémoniens après eux furent épris de la même fureur guerriere,

& leur imprudence eut la même destinée. A force de vouloir maîtriser la Grèce ils s'attirerent une Ligue des Villes Grecques, & sur-tout des Thébains qui sous le commandement du fameux *Epaminondas* les dépouillerent de leur autorité, peu de tems après qu'ils eurent triomphé des *Atheniens*. Les Thébains abuserent encore de leur bonne fortune, ils prirent du goût pour la Guerre, & pour les conquêtes, & s'attirerent sur les bras une autre Confédération des Etats de la Grèce. A la fin ces Etats s'étoient si fort affoiblis réciproquement par leur penchant à faire la guerre qu'ils devinrent la proie des Rois de Macédoine, pays qui autrefois faisoit corps avec le reste de la Grèce, ou qui pour mieux dire étoit sous la dépendance d'Athènes & de Lacédémone.

Ces Etats se conduisoient comme certains Princes de notre tems qui se confiant à la supériorité de leurs forces & de leur courage ont attaqué leurs voisins & leur ont si bien appris l'Art Militaire qu'ils en ont été battus à leur tour. Le Czar de Moscovie en attaquant le dernier Roi de *Suede* alors mineur, éleva une tempête qui faillit à renverser son Thrône ; & ce dernier en refusant des conditions de paix fort honorables, poussant son ressentiment & ses succès trop loin apprit aux Moscovites cette bravoure & cette discipline qu'ils avoient jusqu'alors ignorées. Il eut la douleur de voir son Armée victorieuse mise en déroute par des Troupes qu'il méprisoit, se vit lui-même fugitif chez les Infidéles, & ses Provinces en proie à un ennemi qui peu de tems avant que la fortune eût tourné le dos à ce jeune Guerrier, se fût estimé heureux d'en être quitte pour la moitié de ses propres Etats.

La tête tourna si fort à *Charles* Duc de Bourgogne après la bataille de Montleheri qu'il n'écouta plus que son humeur belliqueuse & opiniâtre jusqu'à ce que les Suisses, qu'il attaqua injustement, lui firent perdre en un jour son Armée, ses Etats & sa propre vie. Si *Philippe* second Roi d'Espagne avoit été fidéle au serment qu'il avoit fait aux Pays-bas, il les auroit toujours conservés sous sa domination, mais rien ne pouvoit flatter son orgueil que de se rendre le maître de leurs biens & de leur conscience. Il obligea par cette conduite un Peuple adonné aux Arts & au Commerce, de prendre pour la conservation de sa Liberté, les armes pour lesquelles il n'avoit ni penchant ni expérience. On sait quel en fut le succès : il perdit les sept Provinces-Unies pour toujours, plusieurs millions en argent, & plusieurs milliers de Soldats qu'il sacrifia pour tâcher de regagner ce qu'il avoit perdu. A quoi lui servit sa Flotte invincible, destinée à la conquête de l'Angleterre ? Il employa plusieurs années à faire des préparatifs qui égalissent son orgueil ; ils aboutirent à mortifier ce même orgueil, & à mettre les Espagnols hors d'état de paroître plus en mer. Tandis qu'il se repaissoit de l'imagination de détruire l'Angleterre, il en embrassoit réellement le parti & en détruisoit l'ennemi le plus formidable. S'il avoit su ménager ces grandes forces, s'il les avoit employées à propos contre l'Angleterre, il auroit pu obtenir des avantages considérables, mais il s'épuisa en voulant faire un trop grand effort, & vit échouer toutes ses espérances.

Qu'il est imprudent de se laisser conduire par la passion! Elle fait que les hommes épuisent leurs forces, & n'en ont plus dans le besoin. Lors même que les Conquérans réussissent, que gagnent-ils que la gloire d'avoir fait beaucoup de mal? Quel est le but des Etats & quelle doit être l'occupation des Souverains que de gouverner les hommes pour leur avantage; que de les empêcher de se nuire réciproquement? Qu'on me nomme un Conquérant qui ait rendu plus heureuse la condition du Peuple conquis. Quoiqu'*Alexandre* le Grand connût bien la différence entre un Gouvernement limité & le despotisme, il ne crut jamais que sa conquête de la *Perse* dût rendre la condition des *Persans* plus heureuse; on combattoit seulement à qui posséderoit cet Empire. Lorsqu'*Alexandre* s'en fut rendu le maître, il le gouverna aussi arbitrairement que le Monarque précédent l'avoit gouverné, & ne connut dès-lors que sa volonté. Les sujets sentirent le choc de la révolution sans en sentir moins le poids de leurs chaînes. Ce vainqueur par conséquent n'acquit qu'une fausse gloire : il répandit du sang & ne réforma point la condition du Genre humain. L'esprit guerrier & conquérant continua dans les Successeurs de ce Monarque : ils ravagerent la terre comme il avoit fait, & tremperent leurs mains dans le sang les uns des autres jusqu'à ce qu'ils eussent tous péri par le fer ou par le poison, avec la famille entiére d'*Alexandre*. Ils ne disputoient pas entre eux à qui rendroit le monde plus heureux, & repareroit ses ruines, mais à qui s'éleveroit davantage, & mettroit le plus de Peuples dans les fers.

La République de *Carthage* conquit plusieurs pays dont elle ne rendit pas la condition plus heureuse. Elle-même faillit à périr par les mains des Etrangers qui étoient à sa solde ; & fut à la fin conquise & détruite par les Romains qui étoient véritablement les Conquérans les plus généreux que le monde eût jamais vus. La plupart des pays qu'ils subjuguerent trouvoient le Gouvernement des Romains plus doux que le leur propre. Cela continua quelque tems jusqu'à ce que les Gouverneurs que Rome envoyoit dans les Provinces s'abandonnerent à leur avarice, & s'enrichirent des dépouilles des pays qu'ils gouvernoient. Rome elle-même périt par ses conquêtes ; c'étoient de grandes Armées qui les faisoient, & qui donnérent occasion à l'autorité & à l'insolence des Généraux, elles mettoient certains Citoyens si fort au dessus de tous les autres, inégalité dangereuse dans un Etat libre, qu'enfin Rome fut subjuguée par des ingrats à qui elle avoit confié les armes pour sa défense. Rome vainquit les Nations étrangères, le luxe des Etrangers corrompit Rome, & des Citoyens perfides s'emparerent de toutes les conquêtes de leur patrie. Tout l'éclat & la grandeur de Rome ne servit qu'à rendre son infortune plus brillante, & à appésantir ses fers. Sa servitude fut accompagnée d'un tel enchaînement de Tyrannie, de misère, de perfidie, d'oppression, de cruauté & d'effusion de sang ; que ses souffrances n'eurent presque aucun relâche jusqu'à ce qu'elle y succomba entiérement. Lorsque les Tyrans eurent épuisé leurs propres forces par leur tyrannie, & qu'ils furent hors d'état de l'opprimer davantage, un déluge de Barbares connus seulement par leur inhumanité & leurs ravages, achevérent la désolation de cette superbe ville, & détruisirent son Etat. Elle s'est relevée dans la suite pour retomber sous une tyrannie d'autant plus fâcheuse qu'elle agit d'une maniére plus lente & plus secrete, semblable en cela à la cangrène. C'est un Gouvernement honteux, à peine peut-on dire que Rome soit conduite par des hommes : elle est sous la domination de l'espèce la plus vile & la plus impitoyable des créatures, je parle des Moines & des fantômes qui y régnent.

SECTION VI.

Suite des réflexions sur l'imprudence de l'esprit de conquête.

LEs Turcs non plus que les autres Conquérans, ne mettent aucunes bornes à leur ambition : ils sacrifient leurs Sujets pour étendre leurs frontiéres ; & plus ils gagnent du terrain,
plus

plus ils s'affoiblissent : ils prodiguent les hommes & l'argent pour se rendre les maîtres d'un pays désert. A quoi servent la Terre & la Mer si elles sont sans habitans ? La force d'un Etat consiste dans le nombre de Sujets à leur aise & industrieux, non pas dans une vaste étendue de terre déserte, ou habitée par des hommes misérables & paresseux ? C'est une chose incroyable que les Thrésors, & les troupes qu'ont couté aux Turcs leurs entreprises sur la Perse. Elles n'ont jamais réussi sous la conduite même de leurs Princes les plus guerriers & les plus prudens ; quand leur Empire étoit le plus florissant. Ils ne se rebutent pourtant point, dans le tems même que leurs affaires sont le plus bas ; leurs Provinces épuisées d'hommes & d'argent, leurs troupes mal disciplinées, & que tout semble concourir à la décadence de cet Empire.

Les Sociétés, & même les Particuliers qui veulent continuellement faire montre de leurs forces, font si bien à la fin qu'il ne leur en reste plus. Les Turcs pendant plusieurs siécles ont épuisé les parties nobles de leur Etat pour lui donner une grandeur excessive, & à force de l'étendre ils ont privé les membres de leur nourriture. S'ils faisoient à présent la conquête de la *Perse*, quel avantage en retireroient les Persans ? Aucun ; au contraire ce seroit pour eux une surcharge d'oppression, & une persécution encore selon toute apparence. Les Turcs croyent les Persans hérétiques à cause de la couleur de leurs turbans, & de leur obstination à ne pas mettre un nom pour un autre dans la liste des Successeurs de Mahomet.

C'est ainsi que ces Barbares se détruisent eux-mêmes pour détruire les autres, en quoi ils sont imités par les Princes Chrétiens. Les Rois d'Espagne pour s'assurer la possession de l'Amérique y ont fait périr plus d'hommes qu'ils n'ont de sujets en Europe. Ce grand Empire du Nouveau Monde avec ses mines d'or remplit l'imagination de ses maîtres qui y ont plus perdu que gagné ; sans compter le crime énorme dont ils se sont rendus coupables en détruisant les habitans d'un si vaste pays. Les conquêtes de l'Espagne dans les Indes Occidentales & l'expulsion des Mores ont dépeuplé ce Royaume. Les naturels du pays qui y restent, se fiant aux richesses qui leur viennent de l'Amérique ont trop d'orgueil & de paresse pour se rendre industrieux, de sorte que la meilleure partie de leur or passe aux autres Nations qui fournissent les Indes Espagnoles des marchandises qui leur manquent. De cette manière un Peuple nombreux, & par conséquent industrieux, car l'un suit l'autre, vaut mieux que des montagnes d'or, & il ne manque pas de les posséder réellement quoiqu'une autre Nation en ait la propriété imaginaire. Si l'Espagne avoit gardé ses Mores laborieux, & chassé l'Inquisition; si elle avoit encouragé la Liberté & le Commerce, j'y comprends la Liberté de conscience, elle se seroit rendue une puissante Monarchie, & son Roi auroit été plus grand par-là, que par ses vastes & criminelles conquêtes. Le Chevalier *Walter Raleigh* assure que les Pays bas seuls portent autant de revenu que tout ce que l'Espagne posséde aux Indes Occidentales. Son Monarque a beau posseder un grand nombre de Royaumes & d'Empires dans les deux Hemisphères, il a beau se vanter que le Soleil ne se couche jamais sur ses Etats; la petite République de Hollande avec son petit Territoire, a plus fait que lui tenir tête.

Un Prince voisin de l'Angleterre s'attachoit beaucoup à conquérir; mais que gagnerent son Peuple & son Royaume par les conquêtes? Il les épuisa d'hommes & d'argent pour ajouter la servitude & l'infortune à leur pauvreté: c'étoit de leurs chaînes & de leur misère qu'il tiroit sa gloire. Je ne sais par quelle raison un Prince qui réduit le Peuple, la Noblesse, enfin toutes les conditions de son Royaume, au petit pied, & à la misère, mérite le nom de Grand, à moins que ce ne soit par la grandeur des fleaux qu'il a attirés sur son Royaume & sur toute l'Europe. L'état présent de cette Monarchie peut montrer quels avantages, ce beau pays doit à la gloire & aux victoires de son dernier Monarque. Sans ses Guerres injustes & capricieuses, & les taxes accablantes qu'il imposoit à ses Sujets, il n'est point de degré de félicité où la Nation n'eût pu s'élever par la bonté du terroir & du climat; du nombre &

de l'industrie des habitans, de leurs Manufactures, & de l'heureuse situation du pays. Tous ces avantages inestimables furent sacrifiés à l'ambition, & à la bigotterie d'un seul homme. Le peu de tems qu'il fallut à ce Royaume pour se relever sous le doux Gouvernement de *Henri* IV fait bien voir combien de ressources le pays a en lui-même, & de quel bonheur il jouiroit sous une domination juste & moderée. Combien de millions ne payat-il pas; dans quel heureux état ne se vit-il point après une Guerre aussi cruelle & aussi ruineuse que celle de la Ligue, & après les deux régnes malheureux & prodigues de *Charles* IX & de *Henri* III ? Mais à quoi servent ces avantages quand un Edit d'une page, une fantaisie d'une minute peuvent faire évanouir toutes ses richesses & tout son bonheur ?

Je pourrois ici étaler les causes ridicules qui piquent & reveillent souvent l'ambition des Princes ; qui les portent à prodiguer le sang & les biens de leurs Sujets, à ruiner ceux là même qu'ils sont obligés de protéger avec tendresse. Ce sera une bête de somme, la dent d'un animal, une maîtresse, une rivière qui sert de limite ; un mot imprudent qui aura échapé ; des paroles dont le sens est absurde ou qui n'en ont point du tout ; un tombeau, ou un vain titre, les larmes d'une coquette qu'on veut essuier, les boutades d'un pédant qu'on veut satisfaire, les anathêmes d'un bigot qu'on veut faire valoir &c. Ce sont de semblables raisons qui ont donné lieu à des Guerres sanglantes, & qui ont animé des Nations à se détruire réciproquement. Il n'y a aucune barrière contre des folies si pernicieuses quand il faut que la raison de chaque Particulier se taise devant l'impertinente passion d'un seul homme ; quand la paix & la conservation des peuples entiers ne peuvent point balancer sa fureur ou son caprice. C'est sur cette considération qu'étoit fondée la Politique des Romains lorsqu'ils vouloient humilier une Nation qu'il ne leur étoit pas facile de mettre sous le joug : ils l'abandonnoient à la domination des Tyrans. C'est ce qu'ils firent en Arménie, & dans la Grande Bretagne : *quadam Ci-*

vitates regi Cogiduno donata ; vetere ac jam pridem recepta Populi Romani consuetudine, ut haberet instrumenta servitutis & reges. Non seulement ces instrumens de la tyrannie jettoient les Peuples dans l'esclavage, mais ils les ruinoient en suscitant des Guerres entre eux.

Les Guerres nécessaires ne sont suivies que de trop de malheurs : qui peut donc supporter sans remords des calamités que l'on s'est attirées de gayeté de cœur ? La République Romaine devoit une bonne partie de sa grandeur à un malheur réel ; elle étoit fondée & soûtenue par la Guerre. On peut dire la même chose de la Monarchie des Turcs. Les Etats formés pour la paix s'ils ne parviennent pas à cette étendue & à cette grandeur, sont plus sûrs & plus durables, témoin, *Sparte & Venise :* la première de ces Républiques dura huit cens ans ; l'autre en a duré douze cens & n'a essuyé aucune révolution. Les plus grandes fautes que ces deux Etats aient commises a été de songer à faire des conquêtes, à quoi leur constitution ne les rendoient pas propres. Les Spartiates étoient braves & heureux à la Guerre mais ils n'avoient pas ce qui faisoit la force des Armées Romaines, *Plebs ingenua* ; les Janissaires sont de même une Milice très-bien dressée & très-bien disciplinée, qui fait la force de l'Empire Ottoman. C'est un article de Religion pour ces derniers de combattre, & d'étendre leur Empire ; article aussi faux & aussi barbare que plusieurs autres de leurs principes : par conséquent très-peu propre au bonheur du Genre humain.

QUATRIÉME DISCOURS,

Des Empereurs qui font le sujet de l'Histoire de Tacite, de leurs Ministres, de leurs infortunes, & des causes de leur chute.

SECTION I.

Idée du régne de Neron avec quelle douceur il commença & combien il devint tyrannique: séduction de la prospérité.

NERON se proposa d'abord de régler son règne sur le modéle de celui d'Auguste, & dans toutes les occasions, il aspira à acquérir la réputation de Prince clément, libéral & affable. Il fit plusieurs actes de générosité & d'amour du public. Il donna plusieurs marques de douceur & de compassion pour les Particuliers; il souhaitoit de ne pas savoir écrire lorsqu'il s'agissoit de signer une exécution à mort. Il faisoit continuellement des dépenses pour plaire au Peuple. Il fut beaucoup flatté pour ces choses : la flatterie remplit sa tête de vanité, & ses prodigalités l'épuiserent : ce fut la source de ses cruautés & de ses brigandages, il se livra entiérement au luxe, & y plongea la Capitale, il aimoit les Spectacles, & les Pantomimes ; trouva que le Peuple les aimoit aussi ; il les favorisa sans cesse, obligea à la fin des gens de la premiere qualité à y jouer un rôle, comme il fit lui-même.

On se lassa à la fin de ce train de vie : le Prince s'étoit rendu d'abord méprisable, il devint ensuite odieux. Il abandonna le soin des affaires publiques, & les devoirs d'un Empereur, pour monter sur le Théatre, & acquérir l'indigne gloire de bien chanter & de bien représenter. Cela fut suivi d'un si grand nombre de meurtres, de parricides, de fausses accusations & de débauches, qu'on eût dit qu'il ne vivoit que pour faire voir à quel point de méchanceté peut parvenir un mortel revêtu de la Souveraineté, combien il peut se rendre exécrable. Il fit mourir Britannicus son frere, Agrippine sa mere, Octavie]& Poppée ses deux femmes,& Antonia sœur de sa femme à cause qu'elle ne voulut pas l'épouser. Il fit mourir aussi Vestinus le Consul pour avoir sa femme, il traita de même presque tous ses parens dont la plupart étoient distingués par leur mérite personnel, par leur fortune, par leur éclat ou par l'amour du Peuple. Tels étoient *Rufus Crispinus* fils de sa femme, *Séneque* son vieux Précepteur & Conseiller; & *Burrhus* Capitaine de ses Gardes, personnage vénérable & d'un excellent caractère. Il fit mourir de même tous les riches Affranchis de la Cour, tout ce qu'il y avoit de personnes d'âge qui avoient d'abord favorisé son adoption, & son avénement à l'Empire. Enfin il fit mourir les gens sans distinction avec leurs familles par le fer, par le poison, en les faisant noyer, en les privant d'alimens, en les faisant mettre à la question, & précipiter: le tout pour quelque sujet que ce fût, ou sans sujet: quelques uns à cause de leur nom, ou de celui de leurs ancêtres; d'autres parce que leur physionomie, leurs regards ou leur caractère lui déplaisoient, Il pilla les Provinces & les Temples, dissipa les Thrésors publics, massacra les plus honnêtes gens, & porta en tous lieux en même tems la débauche & la désolation. C'étoit selon lui une méthode de gouverner que ses prédécesseurs, quelque brutaux & enragés qu'ils fussent, avoient manqué de suivre : il les blâmoit de n'avoir pas connu toute l'étendue de leur pouvoir : *Negavit quemquam principum scisse quid sibi liceret* : il détruisit Rome par le feu, vouloit faire périr le Sénat par le fer, & se réjouissoit aux premieres nouvelles d'une révolte, qui pouvoit lui servir de prétexte pour saccager & ravager les Provinces.

La suprême puissance, & une grande prospérité sont des avantages très-propres à faire tourner la tête & enfler le cœur. Les Princes qui souhaitent sincèrement de ne pas tomber dans l'ivresse & dans l'insolence naturellement attachées aux premieres places, doivent se figurer de tems en tems qu'ils sont dans l'infortune, & considérer avec quelle facilité leur état peut changer : ils devroient au moins se mettre à la place de ceux qui sont leurs Sujets ou leurs inférieurs, & en user avec eux comme ils voudroient qu'on en usât. Considérant combien l'esprit de vertige causé par la prosperité suspend & obscurcit les fonctions de l'entendement, ils devroient modérer leur joye, étouffer leur vanité & leurs autres passions pour consulter leur raison & en faire usage. Au lieu de cela, les grands ne se dépouillent de la satisfaction qu'ils ont d'eux-mêmes que quand elle les quitte : ils n'écoutent la raison que quand ils n'en peuvent tirer aucun avantage, & qu'elle ne sert plus qu'à les tourmenter par des remords. *Crœsus* Roi de Lydie trouvoit insuportables les discours de *Solon* qui lui disoit la verité en honnête homme, & qui ne vouloit point encenser son pouvoir & sa prétendue felicité. Lorsque l'infortune & la captivité eurent abbatu l'orgueil de ce Prince & l'eurent ramené à son bon sens, lorsqu'après s'être vu élévé à un si haut degré de grandeur & de fortune, il vit les préparatifs du supplice auquel il étoit condamné, il soupira & prononça d'un ton lamentable le nom de *Solon*, dont il préferoit alors la sagesse à toutes les richesses du monde. *Crœsus* me paroît avoir été un homme d'un sens droit & naturellement moderé, mais aveuglé par la fortune & par la flatterie.

SECTION II.

Foiblesse de Galba & injustice de ses Ministres.

GALBA avoit le cœur bon, il étoit très-bien intentionné; mais faute de prudence, d'activité & d'une bonne tête, il prit des mesures qui le rendirent tout à-fait odieux au Peuple. Sa sévérité à l'égard de la Soldatesque fut employée à contretems, de même que son épargne rigoureuse. Parvenu tout fraîchement à la Souveraineté, n'étant pas encore établi, obligé par conséquent à rechercher tout le monde à cause qu'il avoit besoin de tout le monde, il se comporta de manière, qu'il désobligea les Armées, le Sénat, l'Ordre des Chevaliers, & le Peuple. Outre cela il se laissoit gouverner aveuglément par ses Domestiques & ses Ministres qui abusoient de son autorité, gens qui proſtituoient ſans ceſſe le crédit & le caractère de leur Maître pour en faire l'inſtrument d'un gain ſordide & de leurs paſſions criminelles. Ce furent eux qui mirent tout en vente, Emplois, Provinces, Revenus publics, la Juſtice, & la vie des gens tant innocens que coupables. *Galba* étoit vieux, ils étoient inſatiables & ardens à tirer le meilleur parti qu'ils pouvoient d'un règne court. La facilité & la crédulité de ce Prince les rendoient entreprenants, voleurs & concuſſionnaires. C'eſt de lui qu'ils tenoient leurs poſtes, leurs honneurs & tous les avantages dont ils étoient revêtus, & ils n'en faiſoient aucun uſage utile à leur Maître, ne ſongeant qu'à leurs propres interêts : que dis-je, les avantages qu'ils ſe procuroient lui étoient pernicieux, & tandis qu'ils en recueilloient le profit, le Prince en remportoit toute la haine.

Il eſt certain qu'un Prince ne ſauroit conſerver long-tems une réputation de bonté ſi l'on ſait que ſes Miniſtres ſont mauvais : la haine qu'on a pour eux paſſe naturellement juſqu'au Maître, peu de Princes & peut-être point, ne ſauroient échapper à la Satyre lorſqu'on croit que leurs Ministres la méritent. Il faut avouer qu'on fait souvent tort aux Ministres & qu'on leur impute bien des choses injustement & mal à propos : on peut dire que cela est inévitable, vû le poste qu'ils occupent, & l'autorité dont ils sont revêtus. Lorsque les choses vont ainsi il est de la justice & de la générosité d'embrasser leur défense. Dans le cas dont il s'agit, le crime étoit averé, & les iniquités des Ministres connues de tout le monde, excepté du seul *Galba* à qui il importoit plus qu'à personne de les connoître. Comme il ne prenoit aucune connoissance de leurs déportemens, qu'il ne les blâmoit en rien, ils ne se corrigeoient point, ni ne craignoient l'Empereur. Le sort funeste, que la corruption de ces Ministres & l'indolence de *Galba* lui attira, est une excellente leçon aux Princes, de ne point s'abandonner aveuglément à l'avis & à la conduite de leurs Ministres, ou du moins de s'assurer qu'ils méritent une pareille confiance. Les meilleurs Ministres ont leur foible, & sont sujets aux passions ; leur partialité seule peut les faire agir imprudemment. Un Prince éclairé sur ses intérêts ne trouvera peut-être jamais un Ministre, quelque prudence & quelque probité dont il soit doué, qui puisse lui faire voir une conduite sans reproche. Les Ministres non plus que leurs Maîtres, ne devroient jamais être sans des surveillans qui les tinssent en respect. Il peut arriver en quelques cas qu'il est bon de tromper le Prince ; on peut tromper le public pour son propre avantage ; mais il est apparent qu'on abusera plus souvent d'une pareille permission, qu'il n'arrivera qu'on en fera une juste application.

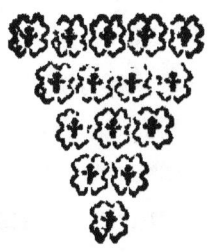

SECTION III.

Imprudence grossière des mesures criminelles suivies par ces Ministres. Combien elles leur portèrent de préjudice de même qu'à l'Empereur.

JE ne m'arrêtrai point sur l'ingratitude & la lâcheté des Ministres de *Galba* qui abuserent de la confiance de cet Empereur. Ils decréditerent, & ruinerent enfin un Prince à qui ils devoient tout, ils sacrifierent à un sordide intérêt, la personne, la gloire & le diadême de leur maître, à qui ils auroient dû sacrifier toutes choses vû sa bonté & sa qualité d'Empereur. Sans compter cette faute inexcusable, les mesures qu'ils prirent leur porterent un très-grand préjudice. Leur Politique étoit insensée : ils ne travailloient qu'à leur intérêt, mais ils ne le connoissoient pas, ils auroient dû voir que le véritable intérêt des Ministres est de travailler à leur réputation & à leur sureté, ce que ceux de

Galba ne faisoient point : chaque pas qu'ils faisoient les avançoit vers leur perte. Leur établissement & leur salut étoient fondés sur ceux de l'Empereur, & c'est ce fondement qu'ils affoiblissoient continuellement en le rendant odieux & méprisable, & eux-mêmes dignes de détestation. Leur ame venale, leurs concussions & leurs rapines, multiplierent infiniment le nombre de leurs ennemis. Non contens de leurs propres crimes ils se chargerent de la haine des crimes des autres, nommément des plus exécrables instrumens de la Tyrannie de *Neron* : savoir *Tigellin* & *Halotus*, dont le supplice étoit demandé par le cri unanime du Peuple Romain. On peut dire assurément que quand même ces hommes de sang auroient été moins coupables qu'ils n'étoient en effet, la Justice & la bonne Politique demandoient qu'on sacrifiât leur vie chargée des crimes, aux manes de tant d'illustres Romains qu'ils avoient massacrés, & au juste ressentiment du public. Cela n'eût été que conforme à la justice & à la raison, ce n'eut été que faire plaisir au Peuple, & fortifier l'autorité de leur Maître : motifs peu considérables pour *Vinius Lacon*, & *Icelus* en comparaison de celui de remplir leurs coffres, & de satisfaire des passions particuliéres. Ils protégerent les deux scélérats favoris de Neron, cela attira au Prince ce qu'ils n'avoient jamais songé de détourner, une haine publique sans bornes ; mais en récompense ils parvinrent à leur but qu'il est aisé de conjecturer. Il est encore vraisemblable qu'ils craignoient d'établir un préjugé contre eux s'ils punissoient des gens qui avoient fait ce qu'on leur voyoit faire à eux-mêmes. Cependant leurs richesses contribuerent à leur perte, & à celle de leurs familles. *Testamentum T. Vinii magnitudine opum irritum fuit.*

Sans compter l'influence de l'argent & de la crainte des exemples, *Titus Vinius* Protecteur principal de *Tigellin*, avoit une autre vûe délicatement touchée par *Tacite*. C'étoit ,, pour avoir les ,, moyens d'être à couvert & de se dé- ,, rober un jour au châtiment. Car ,, c'est la Politique de tout homme ,, couvert de crimes qui se défie de ,, sa fortune présente, & qui craint le

» changement, de se couvrir de bon-
» ne heure de la faveur particuliére
» pour se défendre de la haine publi-
» que. Il arrive de là qu'on n'a au-
» cun empressement pour proteger l'in-
» nocence, mais les scélérats s'associent
» pour se mettre à couvert les uns des
» autres du châtiment qui leur est dû ».
Telle étoit la prudence interessée de *Vinius*, mais elle se trouva la foiblesse même, car en protégeant l'odieux *Tigellin*, *Vinius* ne fit qu'attirer une nouvelle haine sur sa propre personne. Le Peuple, après qu'*Othon* eut succédé à *Galba*, étoit si fort porté à faire périr *Tigellin* par la main du bourreau, qu'il s'éleva là-dessus un tumulte accompagné de plusieurs cris séditieux jusqu'à ce qu'on expédia la sentence qui le condamnoit à mort; c'étoit à la vérité trop tard, & l'on voyoit bien que la chose étoit forcée : ainsi on ne devoit pas s'attendre d'en être remercié. Sous le régne d'*Othon* de même que sous celui de *Galba*, la même Politique, & la même corruption ayant le dessus, on n'obtint justice contre ce monstre qu'avec une peine extrême.

On voit fréquemment ces associations entre les méchans en place, & ceux qui se trouvent dépossedés. La chose est naturelle, aucun homme déja corrompu ou qui veut le devenir, ne donnera son suffrage pour le châtiment d'un homme coupable de corruption. *Mucien* qui avoit la principale confiance de *Vespasien* fit un long Discours au Sénat en faveur des Délateurs. Que dis je, le Favori de *Vespasien* Prince qui se piquoit d'éloigner les malheurs de la Tyrannie précédente, se rendit l'Avocat des Délateurs, les plus pernicieux instrumens de cette Tyrannie. Comment accorder ceci, & quelle espérance donnoit un pareil procédé au Sénat & au Peuple Romain de voir des jours plus sereins ? Pour quelle raison étoit venu *Vespasien* ? Si c'étoit pour le salut des Romains, pourquoi mettre à couvert leurs plus cruels ennemis ? Si son intention étoit de mettre le troupeau en sûreté, pourquoi tant de compassion pour les loups, à moins qu'il ne se sentît lui même de l'inclination au carnage : Voilà une réflexion bien consolante pour le public, qu'après tant de milliers d'hommes tués, après tant de millions dépensés, après tant d'efforts, de combats, & une désolation si affreuse, ils ne virent de changement qu'au nom de leur Maître, & n'eussent de Prince qu'avec des Oppresseurs. Les prétendans aux premiéres places, à l'autorité Souveraine, paroissent toujours portés à la Réformation publique, jusqu'à ce qu'ils ayent l'occasion de la faire, & alors ils ne la trouvent plus nécessaire, ou bien selon eux elle est dangereuse & hors de saison. Ils sont grands ennemis de l'oppression jusqu'à ce qu'ils soient en état de la faire sentir; alors à mesure qu'ils se rendent coupables, ils se laissent attendrir par les criminels. C'est-là l'esprit de l'homme, c'est ainsi que va le monde. On a besoin encore de corriger plusieurs abus. On le promet encore, & jusqu'à présent on ne l'a point exécuté. Un pareil jeu n'est pas nouveau, & ne sera jamais hors de mode.

Toute méchanceté est une vraie folie : je ne saurois trouver d'exemple que les mauvaises actions ayent manqué d'avoir des suites fâcheuses pour ceux qui les ont commises. Ils ont essuyé des contretems & des difficultés imprévues, de l'infamie & des mortifications; des dangers, ou bien la douleur & l'inquiétude accompagnoient leur injustice, en sorte qu'ils avoient plus de chagrin en la commettant qu'ils n'en retiroient de plaisir. On ne trouvera pas même dans la prospérité d'*Alexandre*, de *César*, ou de *Mahomet*, ou de tout autre illustre violateur de la vérité, de la liberté & de la paix, rien qui puisse démentir cette proposition. Dans la recherche même du pouvoir suprême, ils ne pouvoient pas goûter un plaisir pur: Quoiqu'ils ne fissent aucun compte de la vie, & de la liberté des hommes, il n'en pouvoit pas être ainsi de leur propre sureté, de leur réussite, & de leur réputation qui ont dû leur faire ressentir plusieurs combats intérieurs, plusieurs craintes, plusieurs défiances, plusieurs doutes sur le succès, plusieurs inquiétudes pour eux-mêmes, pour leur parti & pour la cause qui les faisoit agir. *Si recludantur Tyrannorum mentes, posse aspici laniatus, & ictus --- sævitia, libidine, malis consultis animus dilaceretur.* Si dans la recherche des choses louables

bles on trouve les mêmes traverses, le témoignage d'une bonne conscience, & celui des gens de bien rendent le malheur plus aisé à supporter.

Quoiqu'il en soit de ces spéculations il est certain que les Ministres de *Galba* par leur conduite intéressée & corrompue attirerent sur eux, de même que sur leur Maître, le coup funeste qui les fit périr. Ce Prince à cause de la pureté de ses intentions méritoit un meilleur sort, mais la confiance aveugle pour ces scélérats ne devoit pas raisonnablement lui en faire attendre un autre.

SECTION IV.

Aveuglément de Galba dans la confiance sans bornes qu'il avoit pour ses favoris qui par leur méchanceté firent avorter son autorité & leurs espérances.

SI la bonne fortune de *Galba* lui eût donné de bons Conseillers il auroit été vraisemblablement un excellent Prince : doué, comme il étoit, de plusieurs vertus de l'homme public & de l'homme particulier : tempérant, frugal, exempt d'ambition, ennemi de l'insolence de la Soldatesque, & porté au bien de la République. Mais dequoi lui servoient ces qualités estimables s'il n'en faisoit aucun usage ! Il ne s'emparoit du bien de personne, il est vrai, mais ceux qui gouvernoient sous lui dépouilloient tous les Sujets. *Galba* qui auroit dû n'employer pas des personnes indignes, & qui du moins auroit dû les reprimer ou les punir, encourut autant de blâme que s'il avoit fait le mal lui-même, ou s'il l'avoit autorisé. Les Peuples s'attendent avec justice à la protection du Souverain qui doit agir avec eux en pere. S'ils ne l'ont point, ils croyent que le Prince en est responsable. Pourquoi, disent-ils, se charge-t-il de cet emploi ? Pourquoi est-il si fort élevé au-dessus des autres si ce n'est pour le bien de tous ? Pourquoi *Neron* avoit-il été déposé, si l'on ne remédioit à aucun désordre sous le règne de *Galba* ? Pourquoi choisit-on un nouveau Prince, si ce n'est pour soulager le public après un règne violent & tyrannique ? C'est en vain que l'on change de Maître si l'on ne change point de Gouvernement : *Eadem nova aula mala, æque gravia, non æque excusata.*

Galba abandonna l'administration des affaires, son sort & sa gloire à ses favoris qui le livrerent au deshonneur, & à une mort violente. Ils firent de l'Etat un Marché public & une boucherie, & tandis qu'ils étoient encore occupés à assouvir leur cruauté & leur avarice, ils furent atteints par une main vengeresse, quoiqu'on pût raisonnablement juger que quelques-uns d'entre eux avoient déja tâché de s'assurer une retraite, & qu'ils avoient trahi *Galba* dans la vûe d'acquérir les bonnes graces d'*Othon*. C'est le génie de ces sortes de gens, lorsqu'ils ont ruiné follement ou par imprudence les affaires de leur Maître, le dernier office qu'ils lui rendent, est de l'abandonner, & il se peut que c'est là leur premier trait de sincérité à son égard. Soit qu'ils eussent prémedité leur trahison ou non, on les crût coupables de cette perfidie; telle étoit l'idée qu'en avoit le Peuple. On jugera toujours de même de pareilles gens : on doit s'attendre à toute sorte de crimes de la part des scélérats averés.

Il est bon d'observer combien ces gens-là étoient peu clairvoyans : combien leur ambition étoit mal entendue. Imprudens autant que scélérats ils firent échouer ce qu'ils avoient le plus en vûe. S'agissoit il de la gloire & de l'autorité, en travaillant à établir celles de leur Maître ils en auroient recueilli une portion très-considérable. Les gens de bien les auroient applaudis & même soutenus ; ils auroient été craints des méchans. Ils auroient joui d'une paix intérieure ; peut-être leurs bonnes actions leur auroient-elles tenu lieu de protection ; ils auroient eu les respects du Public, & les louanges de la Postérité : ces moyens honnêtes auroient pu même leur faire acquérir des richesses. Ils auroient fait une grande fortune avec l'approbation des gens de bien, & ils auroient pu vraisemblablement en laisser la paisible jouissance à leurs descendans, ils avoient les occasions les plus favorables de se faire une réputation solide : ils étoient les premiers Ministres du grand & opulent Empire de Rome ; revêtus des premiéres dignités, les premiers en faveur, & ils servoient un Prince indulgent à ses Officiers, trop indulgent même, n'ayant jamais paru disposé à les censurer ou à les congédier.

Il étoit parvenu à l'Empire avec une prévention favorable du Peuple en sa faveur; si son Gouvernement avoit été ferme & conforme aux règles de la justice il lui auroit été aisé de prévenir toutes les révoltes; il les auroit au moins dissipées par la supériorité de son crédit, & de ses forces, il seroit ainsi descendu au tombeau paisiblement & avec gloire. Ses deux rivaux étoient personnellement désagréables au Peuple, leurs défauts les faisoient abhorrer. Tous deux étoient d'une pauvreté extrême, aucun d'eux ne s'étoit acquis de la réputation à la Guerre, ni n'étoit cru propre à gouverner en tems de paix; l'un étoit grossiérement livré à son ventre, & l'autre un parfait débauché. *Galba* avoit commandé des Armées avec gloire, & gouverné des Provinces avec intégrité: sa naissance étoit illustre, sa vie innocente, il possédoit de grandes richesses & tout le monde le croyoit digne du Thrône. N'est-il pas apparent que son règne auroit duré paisiblement autant que sa vie, s'il s'étoit conduit sagement ? Quelles plus belles espérances pour des Ministres que celles que leur offroit son règne ? En le trahissant ils se trahirent eux-mêmes ; en le servant mal ils se ruinerent. A quoi pouvoient-ils s'attendre de la part d'*Othon* ou de *Vitellius*, si ce n'est d'en être regardés comme des traîtres, ou du moins comme de misérables Ministres corrompus. Le caractère de ceux qui sont corrompus est toujours detesté, & l'autre méprisé de ceux même qui en profitent. *Amurath* Empereur des Turcs fit couper la tête au Gouverneur Persan qui lui avoit livré une ville ; *Myrmahmud* traita sévérement ceux qui avoient eu avec lui des intelligences criminelles pour lui livrer Ispahan : il les fit déclarer infames, leurs biens furent confisqués ; il les fit tous mettre à mort & jetter leurs cadavres dans les rues. C'est ainsi que l'Empereur *Maximin* traita *Macedo* qui avoit poussé à la révolte son ami intime *Quartinus*, & qui l'avoit ensuite tué pour s'en faire un mérite auprès de *Maximin* qui pour ce perfide bienfait le fit mettre à mort.

SECTION V.

Entêtement de ceux qui sont revêtus d'un grand pouvoir, ils s'imaginent que leur autorité ne doit jamais finir, & cette sécurité leur fait suivre la pente de leurs passions. Exemples de cela. Mauvais Ministres combien dangereux.

CE que je viens de remarquer dans la Section précédente est conforme à la raison, & frappe d'abord les yeux, mais quand on est livré à des passions criminelles, on n'écoute point la raison. Les Ministres dont nous venons de parler ne se possédoient plus à cause du changement subit de leur état, & la tête leur tourna lorsqu'ils eurent la conduite de l'autorité impériale. La tentation présente, la cupidité qui les dominoit étoient trop fortes pour y pouvoir résister, & sans égard aux conséquences, sans songer à l'honneur & à la sureté de l'Empereur, au bien public, à l'infamie & au danger où ils s'exposoient, ils suivirent aveuglément les impressions de leurs desirs déréglées, & de leur vengeance. Les hommes emportés par le torrent d'une autorité sans bornes, songent rarement au tems où ils peuvent se trouver dans le malheur, & les Grands ne pensent pas que leur grandeur puisse jamais finir. Il semble que ce soit une espèce de malédiction attachée au pouvoir suprême, que la vanité & l'entêtement ; comme s'il étoit possible & même facile de fixer l'inconstance de la fortune, & de s'assurer du bonheur durant un certain nombre d'années. C'est sur cette confiance insensée qui se trouve même dans de fort habiles gens, que ceux qui sont en place agissent avec une hardiesse & une insolence aussi grandes que si leur autorité ne devoit jamais finir, & comme s'ils devoient être toujours à couvert de toute reddition de compte, de tout évènement & de toute sorte de disgraces. D'où pourroit venir sinon de cette sécurité aveugle, que les Ministres ont souvent concerté des projets d'une oppression & d'un pillage universel, des projets pour avilir ou pour éluder les Loix, pour limiter la Liberté, & des plans d'un Gouvernement arbitraire. Se seroient-ils avisé de concerter des mesures d'oppression s'ils eussent pensé qu'ils pouvoient un jour souffrir de l'oppression commune ? Auroient-ils donné leur suffrage pour affoiblir ou abroger les Loix, s'ils s'étoient avisé qu'ils pourroient avoir besoin de la protection des Loix ? Auroient-ils visé à abolir la Liberté s'ils eussent craint de déchoir de leur autorité ? N'ont-ils pas établi le Despotisme pour s'en servir contre les autres sans en sentir le poids & la terreur en leur particulier ?

On accuse un Grand, qui vivoit il y a près de cent ans, d'avoir imaginé un plan de Gouvernement despotique à la Turque pour un des nos Rois d'Angleterre : modele de Gouvernement qu'il mit par écrit. Une étrange révolution dans ses idées avoit suivi le changement de sa fortune ; animé auparavant d'un tout autre esprit, il avoit maintenu la Liberté avec un zéle extraordinaire. Ce fut lorsqu'il fut parvenu au

Gouvernement de l'Etat, qu'il changea de style, ce qu'il n'auroit point fait apparemment s'il ne se fut imaginé que son autorité n'auroit point de fin : il vécut assez pour la voir finir. Ce même homme qui avoit méprisé les Loix, la Liberté & la vie des hommes fut privé de la Liberté & de la vie contre les formes ordinaires des Loix, & après avoir tâché d'établir un pouvoir illégitime & hors des régles, il tomba sous l'effort d'un pouvoir nouveau & extraordinaire. Un Ministre sans probité qui dit ouvertement, durant le régne suivant, qu'il espéroit de voir les Déclarations du Roi, c'est-à dire sa volonté absolue & sa fantaisie, avoir la force des Loix & être regardées comme Loix, tint ce discours au fort de sa faveur qu'il se flattoit ne pouvoir jamais perdre par aucune vertu dont il fut doué, ni d'ailleurs par sa faute : il tint, dis-je, ce discours dans un tems où l'on se seroit servi de son habileté pour fabriquer ces Déclarations. Lorsque dans la suite il fut abandonné à son malheur, je suis persuadé qu'il avoit des sentimens différens sur l'autorité Royale, & que peut-être il ne vit pas de bon œil sa vie & ses biens enlevés par une proclamation.

Il seroit aisé de penser à de pareils revers de fortune qui peuvent arriver à tous les hommes, & sur-tout aux Grands qui dépendent du bon plaisir & du caprice d'un homme, si l'amour propre ne leur mettoit un bandeau sur les yeux. Les grands hommes, les hommes les plus sages lorsqu'ils sont aveuglés le sont étrangement : combien peu d'entre eux se sont munis de quelque ressource contre l'orage qui pouvoit arriver ? Combien peu l'ont cherchée dans l'amitié & dans l'affection du Public ; contre les dédains, & les disgraces de la Cour ! Je dirai plus, ce que quelques Grands ont fait pour servir la Cour contre le peuple, a été souvent un motif de Politique, non pas toujours conforme à la justice, & encore moins à la générosité : ils vouloient sacrifier les Ministres à la haine & à la vengeance du Peuple. C'est ainsi que *Cesar Borgia* traita *Romiro d'Orco* Gouverneur de la Romagne : *Borgia* se servit de lui pour commettre des cruautés, & le fit ensuite exécuter à mort pour cela. C'est ainsi que l'Empereur des Turcs en use souvent avec ses Bachas.

Pour retourner à *Galba*, jamais Prince ne fut plus malheureux en Favoris, c'étoient de méchans hommes, des scélérats; & un Prince qui a de tels gens à son service ne peut être ni heureux ni tranquille. *Selden* parlant *d'Edouard II*, & de ses mignons dit, « C'est ainsi que les Favoris au lieu d'être un ciment pour unir le Prince & le Peuple devenant comme des écueils où tout va se briser, ruinent quelquefois tous les hommes, mais ils se ruinent toujours eux-mêmes. » Ceux de *Galba* n'eurent que ce qu'ils méritoient; leur Maître étoit digne d'un meilleur sort & ce fut principalement le crime de ces scélérats qui fit répandre le sang de cet Empereur. Les malversations des Ministres exposent un Prince à de grands dangers. Lorsqu'ils ne peuvent plus maintenir leur Maître, ou que leur Maître ne peut plus les proteger, le parti qu'ils prennent vraisemblablement est de l'abandonner, ou de se révolter contre lui. Ayant par une administration criminelle trahi son intérêt & sa gloire, lui ayant fait perdre sa réputation, qui est le plus beau fleuron d'une Couronne; après avoir irrité les esprits & aliené l'affection des Peuples, le plus sûr appui sur lequel un Prince doive compter; il est fort naturel que ces Ministres achevent de perdre celui qu'ils ont déja ruiné : je prouverai ceci dans la suite par un grand nombre d'exemples.

SECTION VI.

Les Princes foibles ou mauvais profitent rarement de l'habileté de leurs bons Ministres, ils aiment mieux les flatteurs, & ceux-ci font échouer les bons avis des autres.

LORS même que les Empereurs Romains dont nous parlons, avoient par bonheur de bons Ministres, ils en faisoient rarement un bon usage, ils suivoient les avis des autres qui étoient les pires, car ils ne manquoient jamais de mauvais Conseillers. De là vient qu'un Prince foible ou mal intentionné a rarement un bon Conseil, & s'il l'a, il s'en trouve rarement mieux. *Suetonius Paulinus*, & *Marius Celsus* étoient d'habiles gens, & auroient fait vraisemblablement triompher le parti d'*Othon*, si ce Prince s'étoit attaché sérieusement à suivre leurs conseils. Les Princes dont nous parlons n'ont guère autour d'eux que des gens imprudens & d'une ame basse ; & c'est un grand hazard, si par cette raison leurs avis n'ont pas plus de poids & d'influence. Ils sont plus hardis & même plus impudens ; plus décisifs, plus sanguinaires, plus portés à flatter le Prince & à lui promettre d'heureux succès, méthode qui plaît beaucoup aux Grands, & comme ces flatteurs jugent très-mal des mesures qu'on prend, étant moins interessés aux événemens, il peut arriver qu'ils ont fait ou qu'ils songent à faire leur parti sans se mettre en peine de leur Maître. C'est ainsi que *Cecina* abandonna *Vitellius* & embrassa le parti de *Vespasien* lorsqu'il se fut assuré que sa trahison seroit récompensée par ce dernier. Il se peut que ces Courtisans ont en tête la perte de quelque concurrent à la Cour. Il est arrivé par cette raison que des gens ont trahi leur propre parti par un reffentiment contre un des Chefs. Les Armées ont été fouvent taillées en pieces par la connivence d'un Officier Général purement pour porter préjudice à un Collegue. *Lacon*, Capitaine des Gardes de *Galba*, dans les derniers efforts même que fon Prince faifoit pour fauver fa vie & fon Empire, s'oppofoit à tous les confeils quelque bons qu'ils fuffent lorfqu'ils venoient d'ailleurs particulierement de la part de *Titus Vinius.*

Titianus frere d'*Othon*, & *Proculus* Capitaine de fes Gardes, oppofoient des obftacles & faifoient échouer tous les bons avis, tous les projets raifonnables de *Paulinus* & de *Celfus*, & comme ils étoient plus grands flatteurs, ils étoient auffi plus écoutés. Tous deux étoient de vrais fcélérats : *Proculus* en particulier excelloit à calomnier & à femer des faux rapports, c'étoit un Courtifan très-adroit, rufé & malicieux, il parvint à furpaffer en crédit tous ceux qui avoient plus de probité que lui. De plus *Othon* femblable à fes Favoris, craignoit les habiles gens & s'en défioit, il donnoit fa principale confiance à des adulateurs, & s'attachoit sur-tout à faire sa Cour aux simples Soldats. *Vitellius* en usa de même, & ce sera toujours apparemment la conduite des Princes foibles, & mal intentionnés. Ils souffrent à voir des gens qui les surpassent en valeur, qui ont plus qu'eux l'estime du Public, ou qui jouissent du crédit qui vient de leur adresse, de leur bonne conduite, & de leurs exploits Militaires. Ceux des Princes qui auroient le plus de besoin de Gouverneurs sont quelquefois ceux-là même qui craignent le plus d'être gouverné, *Louis XIII* craignoit l'habileté du Cardinal de *Richelieu*, le haïssoit personnellement, comme *Neron* avoit craint & haï *Seneque*.

Le danger de mal servir ces Princes n'est pas plus grand que celui de les servir trop bien, quelquefois il est moindre. Plusieurs grands Ministres & Généraux ont essuyé de mauvais traitemens, & se sont même perdus pour avoir rendu de trop grands services, & s'être acquitté de leur devoir avec honneur. Tels étoient *Cajus Silius*, *Antonius primus*, & *Consalve* surnommé le Grand Capitaine sous le règne de *Ferdinand* le Catholique. C'est de cette foiblesse des Princes, c'est de leur orgueil que vient le penchant qu'ils ont quelquefois à suivre l'avis des Conseillers ignorans, plutôt que celui de ceux qui sont reconnus pour habiles, par la jalousie qu'ils conçoivent contre ces derniers; par l'ambition qu'ils ont de faire croire qu'ils sont capables de faire de grandes choses sans leur secours & d'en recueillir la louange, ou au moins de la voir recueillie par ceux, dont la médiocrité de genie & d'habilité, ne leur donne aucun ombrage.

De là viennent les fautes capitales des Princes qui sont pourvus d'habiles Ministres, mais qui en méprisent les sages avis. *Neron* auroit pu être soutenu comme il avoit été auparavant, par les conseils de *Séneque* & de *Burrhus* : ce ne fut pas leur faute si *Neron* devint un Tyran détestable. Les avis qu'il suivoit étoient ceux des imposteurs, des débauchés, des impudiques, pour tout dire de la lie & du rebut du Genre humain. Ceux-ci lui firent entendre qu'il étoit un Prince accompli, qu'il avoit un jugement prématuré, qu'il étoit parvenu à un âge compétant & que n'étant plus un enfant, il étoit déja tems qu'il sortît de tutèle. Ils avoient conçu une grande haine contre *Séneque* qu'ils ne pouvoient souffrir, cela étoit naturel à des gens abandonnés à la débauche dont la Cour fourmilloit alors. *Séneque* retenoit un peu par sa présence l'esprit de *Neron* porté à la débauche brutale, ce qui ne plaisoit ni aux Courtisans ni à *Neron*. Les Princes qui lui ressemblent ont plus de goût pour la flatterie de ceux qui les environnent que pour la Vertu & l'habileté qui ont toujours le dessous à leur Cour.

SECTION VII.

Combien il est difficile & dangereux à un homme de mérite de servir un méchant Prince.

CE fut de cette maniére qu'*Othon* entraîné par de mauvais conseils & par une misérable conduite tomba dans l'infortune, quoi qu'il fût servi par des Chefs tels que *Paulinus* & *Celsus*. Voila le danger que court un honnête homme qui a de l'habileté, lorsqu'il sert un Prince d'un caractère foible: il voit rejetter ses avis, & se voit chargé de la honte des mauvais conseils qu'il a désapprouvé. C'est au Ministre qui a le plus de réputation que l'on s'en prend de tous les évènemens, & on le charge de l'infamie des pires. Il s'exposeroit peut-être beaucoup s'il désavouoit les mesures insensées & malheureuses auxquelles il s'est opposé: ce seroit une tache à la réputation de son Maître. Il arrive même que des Princes habiles ont regardé de mauvais œil la personne, & la réputation d'un habile Ministre. Quelquefois le meilleur moyen de les conseiller est de leur donner lieu de penser que les ouvertures qu'on leur donne viennent de leur propre fonds. Telle est la situation dangereuse des bons Ministres, sous les Princes soit habiles soit imprudens, situation qu'on auroit tort d'envier.

Othon échoua : & comme *Paulinus* & *Celsus* étoient crus ses Directeurs, on les regarda aussi comme des traîtres, tant étoient infames les mesures que cet Empereur suivit, & auxquelles ils s'étoient véritablement opposé. Il arriva même dans la suite que *Paulinus*, & *Proculus* eurent la bassesse pour leur propre sureté d'avouer qu'ils étoient les auteurs de ces conseils ; & pour obtenir les bonnes graces de *Vitellius*, ils se firent un mérite d'avoir trahi *Othon*. *Vitellius* de son côté avoit assez de vanité pour croire que c'étoit pour l'amour de lui que ces Chefs s'étoient couverts de ce deshonneur. C'étoit assurément une honte de reconnoître qu'ils l'avoient fait quoiqu'il n'en fût rien. C'est ainsi que les mêmes hommes prennent des mesures différentes, les unes qui leur font honneur, les autres qui les deshonorent : tant il est rare d'en trouver d'une bravoure accomplie, de même que de ceux dont la sagesse ne se démente point. Les vertus des hommes ont leurs bornes & ils ne s'accordent pas toujours avec eux-mêmes. Sans cela un homme tel que *Paulinus* qui pour acquérir de la gloire avoit si souvent exposé sa vie, ne se seroit jamais avisé de la sauver par une infamie. Il y avoit pourtant moins de crime à se dire coupable qu'à l'avoir été en effet.

Il faut avouer qu'il falloit ou une grande vertu ou une grande imprudence pour s'attacher au service des Princes du caractère dont étoient ces Empereurs, quoi qu'il y eût de la cruauté & de l'injustice à les trahir. En faisant monter sur le Throne des gens tels qu'*Othon* & *Vitellius*, il sembloit qu'on eût eu dessein non de rétablir l'Empire Romain, ébranlé, ravagé, & tyrannisé par le sanguinaire *Neron*, mais de lui choisir un Successeur pour l'amour de sa ressemblance à ce monstre, & par conséquent aussi monstrueux qu'il l'avoit été. Tous deux étoient sujets aux mêmes débauches, aux mêmes excès, tous deux s'étudioient à le prendre pour modèle, & à rétablir son nom & ses honneurs. On avoit rendu qui plus est, les honneurs divins à ses Manes. On avoit même regardé comme une qualité d'*Othon* qui lui donnoit un droit à l'Empire de ce qu'il ressembloit beaucoup à *Neron* à l'égard des mœurs. C'est pour cela que les Soldats avoient des adorations pour lui, que le commun Peuple l'aimoit, comme il avoit aimé *Neron*, & comme la populace aimera toujours tous ceux qui favorisent son oisiveté & sa débauche. Qu'y a-t-il, par exemple, de plus pernicieux à un Etat, à la vertu publique, à l'industrie & à l'innocence des Particuliers que les fêtes où l'on se livre à la débauche & à la fainéantise? Qu'y a-t-il pourtant que la Populace aime tant que ces jours de débauche & de dissolution, & les Saints fainéants qui les favorisent, je parle de l'Italie & des autres pays Papistes.

A servir des Princes de ce caractère il n'y avoit ni honneur, ni sureté pour les Ministres ni de l'avantage pour le public. Le plus grand plaisir de ces Empereurs consistoit à des traits de prodigalité, & d'une volupté infame, à des plaisans, des bouffons & des batdaches, & à toute cette exécrable vermine qui étoit aux gages de la Cour de *Neron*. Ils croyoient que la fonction d'un Souverain consistoit à se signaler dans la débauche & dans les excès de la sensualité. Les règles de Gouvernement qu'ils suivoient étoient d'opprimer & d'épuiser l'Etat, d'abbaisser, ou de détruire tout ce qu'il y avoit d'honnêtes gens, de favoriser, & d'employer les plus perdus. S'il leur arrivoit d'employer des hommes de mérite, c'étoit à contre-cœur, & plus ils étoient obligés aux gens de mérite, plus ils les haïssoient. C'est ainsi que *Vitellius* en usa à l'égard de *Junius Blasus* homme d'une grande naissance, d'une ame élevée, & d'une fortune qui répondoit à ces qualités, homme qui servit cet Empereur généreusement & lui fournit à grands frais un train digne d'un Prince que *Vitellius* ne pouvoit pas encore soutenir à cause de sa grande pauvreté. Tout cela lui fit encourir le mécontentement de l'Empereur qui s'acquitta de ce qu'il lui devoit par une flatterie dissimulée & par une haine sincére. Qui pouvoit servir de bon cœur un homme qu'on ne pouvoit s'empêcher de mépriser, & que vraisemblablement on avoit sujet de craindre ; un homme dont on savoit qu'on étoit craint & peut-être haï.

SECTION VIII.

Combien il est naturel sous le règne des méchans Princes de soupirer aprés un changement ; la différente maniére dont ils sont regardés pendant leur vie & après leur mort. Sur quoi un Prince doit sur toutes choses mettre sa confiance.

IL est hors de doute que tous les gens de bon sens, tous ceux qui souhaitoient le bien de l'Empire, la tranquillité de Rome, & leur propre sureté tournoient leurs yeux vers une révolution. Le changement pouvoit en être mieux, & il n'étoit pas possible que les choses empirassent. Tous les efforts qu'on faisoit en faveur de ces Tyrans téméraires,

enragés

enragés & infames ne tendoient qu'à prolonger la misère publique, la disgrace, de même que la ruine, & le danger des Particuliers. Ceux qui servoient ces Tyrans le plus glorieusement n'en devoient attendre que de la défiance, & toute sorte de mauvais traitemens, & pour récompense de leurs services d'être au moins congediés, peut-être d'être exterminés comme le fut *Corbulon* cet illustre Général par les ordres de *Neron*; & le fameux *Agricola* qui le fut, à ce qu'on croit, par ceux de *Domitien*. Les hommes mauvais & corrompus sont toujours soupçonneux, & il étoit naturel à ces Tyrans de craindre & de hair les gens de mérite par la seule raison de leur mérite. De cette manière *Othon* & *Vitellius* avoient mauvaise grace de se plaindre en se voyant abandonnés & trahis. On ne leur faisoit que ce qu'ils avoient fait à *Galba* qui le fioit à eux dans le tems qu'ils l'abandonnerent.

Outre cela telle étoit l'idée que ces Empereurs avoient donné de leur caractère au public, telles étoient les fausses mesures qu'ils prenoient, tels étoient encore les Conseillers foibles

& méchans dont ils fuivoient les avis ; qu'on voyoit bien que leur autorité ne dureroit pas. Lorfque les Princes commencent à chanceler, le zèle de leurs adhérans commence auſſi à fe rallentir. Ceux qui ont été les plus empreſſés à les flatter, font les premiers à les cenſurer, & comme un Prince aſſuré de fon pouvoir ne manque jamais de mérite & de gloire, celui dont l'autorité eſt fur le déclin ne manque jamais de défauts & de cenſures. *Galba* en eſt un exemple : combien de zèle, combien de proteſtations de fervice ne lui fit-on pas tandis qu'il fut fur fes pieds ? combien de reproches & d'infultes n'eſſuya-t-il pas après fa chute ? Il en fut de même d'*Othon* & de *Vitellius*: ils furent adorés ou diffamés felon que la fortune s'attachoit à eux ou les abandonnoit : ce qui arrivera à tous les Princes. Il eſt rare qu'ils aiment à écouter la Vérité, & il l'eſt tout autant qu'on veuille fe hazarder à la leur dire. Ils doivent par conféquent former un jugement de l'opinion que le Public a d'eux, & de leur fituation, fur leurs actions & fur la forme de leur Gouvernement; fur le caractère des Miniſtres qu'ils emploient,

& sur les mesures qu'ils suivent: non pas sur ce qu'en disent les flatteurs qui les environnent; non pas sur les acclamations d'une foule de Peuple; ni sur la fidélité des Généraux: toutes ces marques sont trompeuses & ont trompé plusieurs Princes. Mais on peut se fier hardiment à une conduite irréprochable. Au pis aller, qui n'aimeroit mieux périr en suivant ces maximes que de subsister par une conduite lâche & injuste? Celui qui périt en s'attachant à la Vertu y gagne quoiqu'il puisse perdre, & celui qui gagne par la méchanceté y perd certainement, quoi qu'il acquiére. La Vertu tient lieu de tout, & les gages de l'iniquité sont pires que si l'on n'avoit rien. Ceci n'est pas une simple spéculation, & un rafinement de morale, il a son fondement sur l'expérience de ce qui se passe dans la vie.

CINQUIÉME DISCOURS,

De la Concurrence qui se forme entre les Ministres d'un Prince ; & de leur corruption. Mauvais effet de l'indolence dans un Prince.

SECTION I.

Mésintelligence entre les Ministres combien fatale à leur commun Maître.

LEs contestations & la discorde qui se glissent entre les Ministres d'un Prince qui n'a pas l'autorité nécessaire pour les tenir en bride, ou de la capacité pour profiter de leurs différends, sont toujours d'une pernicieuse conséquence. Les Ministres de *Galba* disputoient journellement, non pas pour mieux servir l'Empereur, ou pour sauver l'Etat, mais pour se chagriner & se traverser l'un l'autre. On vit la même inimitié entre les Ministres de *Vitellius*. Celui-ci ne pouvoit rien faire sans eux, & ils ne faisoient que se contrequarrer l'un l'autre. L'Empereur ayant paru pencher du côté de *Valens* poussa à bout *Cecina*, & le porta à le haïr & à abandonner son parti. *Sabinus* frere de *Vespasien* n'ignoroit pas les dégoûts de *Cecina*; il les fortifia, & en lui représentant le peu d'égards que *Vitellius* avoit pour lui à l'avantage de son Collegue, il le porta à embrasser le parti de *Vespasien*. Cette désertion, cette infidélité de ce Ministre, n'étoit pas une chose rare ou nouvelle. C'est l'issue ordinaire de ces sortes de concurrences. Lorsqu'un homme ambitieux voit qu'il ne peut venir à bout de s'approprier toute l'autorité & toute la faveur du Prince, il est capable de renoncer à ce qu'il a de pouvoir quelque grand qu'il soit, & de se joindre à un ennemi pour ruiner un rival. Les gens de cette espèce craignent moins les ennemis publics & déclarés, qu'un Compétiteur caché. Le Cardinal Mazarin étoit détesté par la faction des Frondeurs, cependant il prit des mesures avec eux pour détruire le Prince de Condé, lors même que les Frondeurs lui offroient leur secours pour perdre le Cardinal que le Prince avoit mis à couvert de leur vengeance. Ensuite le Prince à l'envi du Cardinal se jetta entre les bras des Espagnols ennemis naturels de la France.

Les Eunuques, cette engeance vile & maligne, qui disposoient de tout sous la domination de *Schah Hussein* Empereur de Perse, celui qui dans ces derniers tems a été dethroné par les *Agvans*, les Eunuques, dis-je, avoient plus de peur de leurs propres Généraux, surtout s'ils avoient de la probité & de la bravoure, que des barbares, des ennemis publics. Les Eunuques étoient continuellement occupés à perdre, tous les bons Généraux & par conséquent à avancer les affaires des Usurpateurs. On doit compter ceci pour une des causes de leurs progrès surprenans. Lors même que ces barbares eurent conquis plusieurs Provinces, & qu'ils ravageoient le cœur de l'Empire, qu'ils s'avançoient en diligence précedés par la terreur, pour assiéger la capitale, l'Empereur ayant nommé un Général fidèle & experimenté avoit déja regagné la plus grande partie du pays,

& étoit sur le point de le recouvrer entiérement ; lorsque les Eunuques, cette vermine exécrable, qui étoient à la tête des affaires, employerent toute leur malice & tout leur pouvoir pour perdre le conservateur de l'Empereur & de l'Etat de peur que quelqu'un ne fût plus accrédité qu'eux. Ils vinrent à bout de leur malheureux dessein, & persuaderent à ce Prince facile que son libérateur étoit son propre ennemi, & eux les seuls fidéles surveillans de l'Empereur, dans le tems même qu'ils rendoient son Gouvernement odieux, & renversoient son Throne.

Lorsqu'une Armée avoit été défaite, une des deux factions qui partageoient les Eunuques ne manquoit jamais de s'en réjouir, parce que le Général ayant été élevé à son poste par une des factions, ne manquoit jamais d'être regardé d'un œil de jalousie par l'autre. La perte des Armées, la désolation du Royaume, le deshonneur de leur Souverain, les miseres du pauvre Peuple ne les touchoient point. Ces misérables haïssoient plus les rivaux domestiques que les ennemis publics : d'où s'ensuivit une si grande mésintelligence & un si grand désordre dans les affaires que c'étoit une vraie Anarchie. Point de Magasins, point de provisions, point d'Officiers expérimentés, rien de prêt pour se mettre en Campagne, lors même que tout étoit perdu à la réserve de la Capitale, & qu'Ispaham même étoit assiégé: lorsque l'épée les attaquoit au dehors, que la peur & la famine les pressoit au dedans; ces impitoyables vauriens ne pouvoient s'empêcher de cabaler contre tous les efforts qu'on faisoit pour délivrer la Ville, de peur qu'un autre qu'eux n'en eût la gloire, & par conséquent ne les exposât à quelque danger, ou ne les éclipsât.

SECTION

SECTION II.

Un Prince indolent devient aisément la proie des plus malhonnêtes gens qui deshonorent son administration & jettent les Sujets dans l'indignation. Corruption étonnante de ces pestes de Cour.

LORSQU'UN Prince se néglige, & n'a aucun soin de sa réputation, tout le monde est porté aussi à le négliger. Les gens les plus indignes ne manquent point de l'obseder, & alors les gens de mérite ne peuvent le servir. *Schah Hussein* avoit été servi par des Ministres habiles, par de bons Généraux, mais les Eunuques faisoient échouer tous leurs efforts, & souvent leur faisoient perdre les biens & la vie. Les Princes foibles ou indolens ont trop ou trop peu de confiance, & il convient à un Prince d'être circonspect sur le choix des personnes qu'il tient auprès de lui, puisque ceux qui sont dans les postes les plus subalternes ont toujours assez d'influence dans les affaires pour lui porter du préjudice. S'ils ne peuvent pas venir à bout de le conduire selon leurs fausses vues, à quoi ils tâcheront peut-être, & en viendront peut-être à bout; le moins qu'ils feront sera de ternir sa réputation soit en le décriant, soit en se conduisant par des motifs de corruption, qui seront une tache à son régne. Un Prince souffre toujours de la mauvaise conduite, & de la méchanceté de ses domestiques sur-tout s'il leur permet de se mêler de la distribution des récompenses & des châtimens.

Les simples domestiques de *Galba*, & même ses Esclaves, avoient assez de crédit pour deshonorer l'Empire de leur Maître, à cause qu'on savoit qu'ils vendoient tous les emplois & toutes les graces du Prince. L'Empereur qui auroit dû examiner le mérite des Particuliers, considérer leur capacité, & leurs prétentions, & combien il étoit de son propre honneur de placer dignement ses bienfaits: négligea ce devoir important, & en abandonna le soin à ses domestiques : ils s'en acquitterent au deshonneur de leur Maître, & à leur profit. Ces mercenaires perfides ne daignoient pas considérer combien ils hâtoient le deshonneur & par conséquent la perte de leur vieux Maître, pourvu que par son trop d'indulgence, & par leur scélératesse ils pussent gagner de l'argent. Leurs démarches dans ces vûes honteuses étoient tout autant de pas qui avançoient la ruine de l'Empereur, puisqu'en souillant ainsi sa réputation qu'ils perdoient sans ressource, ils le privoient du plus grand support de son autorité.

Les personnes de tout rang & de toute condition ne peuvent que regarder avec indignation des gueux revêtus, des ames damnées, des inconnus peut-être, & des étrangers s'élever à une fortune éclatante par la protection & l'indolence du Prince, lorsqu'ils voient son Sommelier, ou son Barbier posséder des biens qui suffiroient pour faire vivre honorablement plusieurs Sénateurs. Si ces gens de néant ne faisoient que se rendre odieux ce seroit peu de chose, mais leurs gains infames deshonorent leur Patron & leur Souverain, sans compter qu'ils excitent le ressentiment de ceux qui voient échouer ainsi leurs justes prétentions. Tant est grand & dangereux l'inconvénient où s'expose un Prince obsédé par des ames venales. *Galba* se perdit autant par la corruption de ses domestiques, que par la corruption & la violence de la Soldatesque.

On ne pouvoit aborder l'Empereur *Schah Hussein* que par la médiation des Eunuques qui ne connoissoient d'autre mérite que celui de l'argent. Ces infames Esclaves vendoient la protection du Souverain, prostituoient ses graces au plus offrant, & faisoient un marché public des emplois & de la justice. Il ne pouvoit ainsi y avoir aucune émulation, dans une Cour où l'on n'avoit aucun égard pour la capacité, ni pour la vertu. C'étoit une source d'oppression, de rapines, & de concussions. Ceux qui s'étoient épuisés pour avoir des charges étoient réduits à commettre toute sorte de lâchetés, & de pilleries pour se rembourser, & pour tâcher d'assouvir leurs Patrons insatiables, les Eunuques dont il falloit acheter la protection & l'impunité par de nouveaux présens. C'est ainsi que la Perse gémissoit voyant les pillages de ses voleurs autorisés. On ne connoissoit auparavant parmi eux, ni larcins ni vols, parce que les Gouverneurs des Villes, & des Provinces étoient responsables de ces désordres, & avoient un soin particulier de les prévenir. Mais sous le régne de *Schah Hussein* le vol étoit devenu commun, & même encouragé à cause que les Gouverneurs y avoient leur portion, ou pour s'exprimer plus honnêtement ils en tiroient des émolumens. Ils n'avoient rien à craindre des Tribunaux de justice, car rien ne branloit. Pourvu qu'ils eussent la précaution & le pouvoir de fournir de l'argent aux Eunuques, ils pouvoient exercer leurs brigandages sans honte & sans compassion Celui-là n'est scélérat qu'à demi & mérite à peine d'être un oppresseur qui ne sait pas céder une petite portion de ses voleries pour sauver sa personne & ce qu'il a ainsi gagné.

Les Eunuques, les plus impitoyables sangsues que la Perse eût jamais vu, étoient si éloignés de répandre le sang, qu'ils enseignerent au Roi ce trait de clemence mal entendue, de ne jamais faire mourir un homme pour quelque crime que ce fût. C'est ainsi que ces pieux imposteurs travailloient à leur propre sûreté. Le Prince changea donc selon leur avis toutes les punitions en amendes pecuniares : mais comme sa conscience ne lui permettoit point de recevoir le prix du peché & des crimes, ceux qui lui avoient inspiré ce scrupule de compassion pour leur propre avantage se chargerent du maniement de ces amendes : c'est ainsi que ces misericordieux hypocrites s'enrichissoient.

 Les impositions publiques en Perse étoient fixées & chaque Ville payoit tous les ans une somme limitée & invariable ; les Gouverneurs n'y pouvoient faire aucun changement. Mais comme les amendes pour les contraventions sont arbitraires, ils en découvroient sans cesse, & levoient des amendes sans fin. C'est ainsi qu'ils tiroient des peuples de très-grosses sommes qui n'étoient point limitées. Par le moyen de ces châtimens pecuniaires, ils ont tiré en une seule fois de certaines villes plus de six fois ce qu'elles payoient dans tout un an au Trésor Royal. Le Gouverneur même d'Ispaham Capitale de l'Empire rançonnoit les voleurs & les filoux. On retenoit en prison ceux qui n'avoient pas assez volé pour acquérir ses bonnes graces, & être renvoyés ; on les laiſſoit pourtant ſortir de nuit pour voler de nouveau, & c'étoit par le moyen de leurs derniers larcins qu'ils ſe mettoient à couvert du châtiment des précedens.

SECTION III.

Combien le Gouvernement d'un Prince indolent peut devenir préjudiciable quelque porté qu'il ſoit à ne point faire de mal. Dans quel mépris on le voit tomber.

D'Où venoient donc l'injuſtice criante dont nous venons de parler, la depravation de toutes les Loix en Perſe & ce manquement de protection que les Sujets en doivent tirer ? D'où venoient cette Anarchie, & ces pillages que les Grands exerçoient ſur les petits, cette iniquité ſans bornes; l'innocence opprimée & ſacrifiée ? Cela n'avoit-il pas ſon unique ſource dans la lâcheté & la corruption de ceux qui obſedoient le Throne, & dans la foibleſſe de celui qui l'occupoit ? *Schah Huſſein* étoit un Prince d'un très-bon naturel, plein de générosité, de douceur & de compassion, il avoit l'ame tendre & compatissante au point d'être surpris & allarmé pour avoir tué d'un coup de fusil un canard à qui il ne vouloit que faire peur. Il se crut souillé par ce sang, & pour expier ce meurtre il eut recours à des actes de dévotion & à des aumônes. Car il étoit très-religieux, si fort, que quand le feu eut pris à la grande salle du Palais remplie de riches meubles, il ne voulut pas permettre qu'on travaillât à l'éteindre de peur de s'opposer aux decrets de la Providence. Il fit des charités immenses, fonda des Monastères, renta des Hôpitaux, fit de longs pelerinages, un entre autres de deux cens lieues.

Mais à quoi servoit son bon cœur, sa compassion & sa religion? Il étoit fâché d'avoir tué un canard & souffroit que ses Sujets fussent extortionnés & pillés; il attira la Guerre & la désolation dans le cœur de son Empire. Le pauvre Prince vit qu'il avoit tué un canard, mais il ne voyoit point les oppressions que ses Peuples souffroient, & n'entendoit pas leurs cris. Il sembloit n'avoir d'autres soins, & d'autre Royaume à gouverner que son Serrail. C'étoient ses femmes, & non ses Sujets qui étoient l'objet de ses occupations & de sa bienveillance ; le Gouverneur d'une Ville ou d'une Province étoit sûr de se mettre dans ses bonnes graces s'il lui envoyoit une belle femme. N'importe que le Gouverneur traitât bien ou mal le Peuple, c'est de quoi *Schah Hussein* se mettoit peu en peine ; s'il s'en fût avisé, ses fidéles Conseillers les Eunuques avoient été gagnés d'avance pour en avoir une réponse favorable. Il est certain que ces personnes indulgentes, sous la tutéle de qui il s'étoit mis, avoient si fort consulté les interêts de son repos, en l'éloignant de tous les soins & de toutes les fatigues du Gouvernement, & en se chargeant eux-mêmes de cette penible tâche que ce Prince ne paroissoit prendre aucune part aux interêts ou à la destinée de son Empire. Lorsqu'on lui dit que l'ennemi approchoit d'Ispaham, il répondit que ,, c'é- ,, toit aux Ministres à y pourvoir; qu'ils ,, avoient des Armées sur pied pour ,, cela ; qu'à son égard, il seroit con- ,, tent pourvu qu'on lui laissât seulement ,, son Palais de Farabath. ,, Dans quelle insensibilité, dans quelle foiblesse, & par conséquent dans quel mépris ce pauvre Prince n'étoit il pas tombé en s'abandonnant aveuglément à des séducteurs qui ne songeoient qu'à leurs propres interêts?

Il n'y a rien de plus méprisable, rien de plus exposé qu'un Prince, un Etat, ou un Grand, lorsqu'ils sont tombés dans le mépris; c'est, je crois, une réflexion de *Tite-Live*. Cet esprit de Religion même, ou pour mieux dire, de superstition dont ces rusés hypocrites avoient ensorcelé *Schah Hussein* pour mieux gouverner leur duppe par ces terreurs spirituelles, étoit d'une pernicieuse conséquence pour son Peuple. Ce Prince fit un long pelerinage pour aller visiter le tombeau d'un Saint, & comme il voyageoit accompagné de tout son Serrail & d'une garde de soixante mille hommes, il incommoda, ruina toutes les Provinces qu'il traversa, & dissipa plus d'argent qu'il n'en auroit fallu pour soutenir une longue Guerre contre ceux qui envahirent la Perse.

Un Prince qui néglige ses affaires ne sauroit manquer de tomber dans le mépris, & du moment qu'il est méprisé, il cesse d'être en sureté. Les Peuples tournent alors les yeux & leurs affections vers le Successeur, souhaitant avec impatience une révolution : disposés peut-être à la causer. Pour le moins quelque amour qu'ils ayent pour leur Prince, ils ne sauroient l'estimer. Quelle estime pouvoit avoir le Public pour *Philippe* IV Roi d'Espagne, lorsqu'on le voyoit aller à la défense de son Royaume contre les François accompagné, non pas d'un cortége d'Officiers, mais d'une troupe de Comédiens ? C'étoit un tour imaginé par le Comte Duc d'*Olivarès* pour empêcher ce Prince de faire trop de diligence; d'entrer en connoissance des affaires, & de voir les malversations publiques. Quelle merveille si les affaires de ce Prince étoient conduites avec tant de molesse, si ses desseins échouoient, & si cette grande Monarchie faisoit une si pauvre figure, tandis que le Souverain s'étoit entiérement abandonné à l'indolence, & que ses Favoris seuls régnoient ? La réputation d'une Nation au dehors est bien peu de chose lorsque le Gouvernement au dedans est sans vigueur, & sans intelligence, & que l'on y a perdu le respect pour le Prince, qui négligeant ses propres devoirs cesse de l'être en effet. *Philippe* étoit un bon homme mais un méchant Roi, & il n'est pas impossible qu'un bon Roi soit un méchant homme.

SECTION IV.

Combien un Prince obsédé par de mauvais Conseillers fait des progrès dans le mal.

UN Prince qui est naturellement foible, ou, ce qui revient au même, qui ayant de l'habileté n'en fait aucun usage, ne sauroit manquer d'être obsédé d'un grand nombre d'hommes sans mérite qui s'attroupent autour de lui comme une bande de voleurs autour d'un riche butin. Ils ont la même ardeur à éloigner d'auprès du Prince tous ceux qui ne sont pas aussi méchans qu'eux. S'ils le voient foible, ils le rendent mauvais, s'ils le trouvent mauvais ils le rendent encore pire. S'ils ne peuvent pas lui inspirer la cruauté, ils lui inspirent au moins la fainéantise qui à l'égard d'un Prince est une vraie cruauté : celui qui gouverne un Peuple devant être plus vigilant qu'aucun de ses Sujets. Un Prince qui néglige les affaires quelque bien intentionné qu'il soit, est exposé à être continuellement trompé & égaré : car s'il n'a pas l'expérience & l'attention nécessaires, il n'en sauroit porter un bon jugement. Il faut qu'il s'en rapporte à autrui : ce qui le livre entiérement à ses Ministres dont il n'est que l'instrument.

Les plus pernicieux de tous les Empereurs Romains; plus pernicieux que nuls autres Princes qui ayent jamais été au monde, étoient rendus encore pires par leurs Favoris & leurs flateurs ; la cruauté de *Tibere* étoit excitée par les conseils sanguinaires de *Sejan* ; *Macron* favorisoit les excès monstrueux de *Caligula* ; & la brutalité de *Neron* étoit encore augmentée par l'instigation de *Tigellin*. Le pire du rebut du Genre-humain se trouve dans les Cours débauchées, & un Prince bien intentionné même, s'il est crédule & paresseux, a peine à n'en être pas gouverné & corrompu. S'il a du penchant pour le plaisir, on ne manque pas de lui tendre des piéges, on en imagine de nouveaux & on le plonge dans la sensualité.

L'Empereur *Commode* fut élevé soigneusement par les soins de plusieurs hommes savans mis auprès de lui par son pere l'excellent Empereur *Marc Aurele* qui en mourant confia ce fils à ses anciens amis, & dignes Ministres. Ce jeune Prince se degoûta bien-tôt des gens de vertu, il fut d'abord corrompu par les Courtisans flatteurs & débauchés, il abandonna les devoirs d'un Empereur, & se livra à la mollesse & au luxe. Il fut encouragé à ce train de vie par ses Favoris tout puissans, en particulier par *Cleandre*, qui, tandis qu'il le voyoit plongé dans la volupté, tâchoit de le détruire & de s'élever sur ses ruines. *Sejan* de meme chargé de toutes les affaires de l'Etat se vit dans une situation qui le fit aspirer à l'Empire.

Lorsqu'un Prince tel que *Commode* s'expose de gayeté de cœur à ces dangers par sa mauvaise conduite, il se met de mauvaise humeur, il se defie de tout le monde, ce qui le rend malfaisant, & cruel à l'égard de tout le monde. Ainsi ayant eu d'entrée peut-être des intentions innocentes, il devient à la fin un Tyran. Ce fut le caractère & la destinée de *Commode* qui au commencement de son règne faisoit sa principale occupation du plaisir : cela l'éloigna des soins de l'Etat convenables à un Prince. Il en laissoit le Gouvernement à d'autres ; par où il se rendit méprisable ; on forma des conspirations contre lui, cela l'irrita, & ayant commencé par être paresseux & voluptueux il finit par être un Tyran sanguinaire. Il écoutoit avidement les médisances & les calomnies, regardoit tous les hommes comme des scélérats : conçut une inimitié irréconciliable contre tout ce qu'il y avoit de bon & de louable. Il prit en aversion & bannit de sa présence tous les hommes qui avoient de la vertu ou de la sagesse, comme gens qui ne convenoient ni à son règne ni à son génie. Il devint de cette manière semblable à une bête sauvage & ravissante ; il ne vouloit voir autour de lui que des bouffons, des maquereaux, des ruffiens, des Gladiateurs & des Conducteurs de

Chariots, des misérables aussi souillés de débauches que lui & d'un cœur assez bas pour ne lui donner aucun ombrage. Il se mit à massacrer, & à détruire tous ceux qui faisoient de la peine à lui & à ces sortes de gens; cela le fit détester de nouveau, il le reconnoissoit, & cela le jettoit dans de nouveaux emportemens de fureur & de tyrannie. C'est une gradation naturelle ; c'est ainsi que le mal produit & multiplie le mal & le desordre.

SIXIÉME

SIXIÉME DISCOURS,

De l'œconomie des Finances.

SECTION I.

Prodigalité des Empereurs: ses terribles conséquences à l'égard du Public, nommément la tyrannie, les meurtres & l'oppression.

DE toutes les foiblesses, vices, & excès des Empereurs Romains qui les envelopérent eux & l'Empire dans le malheur, nul ne contribua davantage à leur ruine que les profusions & la prodigalité. Cette conduite doit avoir par-tout le même effet à l'égard des Princes & des Etats. "Si nous épuisons " le thrésor pour plaire au Peuple par " des libéralités vaines & mal enten- " dues, il faudra le remplir par des ex- " torsions & par l'oppression ", dit *Tibere* fort sagement: c'est ce que fit son insensé Successeur : il dissipa les finances, il vola & tua pour en avoir davantage. Ce fut le train de presque tous les Princes qui régnerent après *Caligula* : de *Neron*, d'*Othon*, de *Vitellius*, de *Domitien*, de *Commode* &c. C'étoit aussi la cause perpétuelle de l'oppression & des meurtres. Dans les taxes qu'on imposoit sur le Peuple, dans les accusations qu'on intentoit aux Particuliers, ce n'étoit point la justice, ou le crime qu'on regardoit, mais combien on en pourroit tirer d'argent. C'est ainsi que les gens riches étoient toujours coupables. Les dépenses extravagantes, & le meurtre se suivoient naturellement : un homme qui avoit une grande fortune manquoit rarement d'être regardé comme un criminel d'Etat insigne, & perdoit toujours les biens avec la vie. Souvent les gens riches étoient mis à mort sans autre formalité qu'un simple ordre de la part de l'Empereur, de les tuer & de saisir tout ce qu'ils avoient. *Neron*, toutes les fois qu'il donnoit un emploi public, disoit à la personne qu'il en revêtoit. ,, Tu sais quels sont mes ,, besoins : faisons en sorte de concert

« que nul homme ne posséde rien en » propre. »

Ces Tyrans se réduisirent d'abord à la nécessité par des dépenses énormes, & par la dissipation : après quoi ils détacherent leurs chiens de chasse, pour dépouiller les Particuliers & les Provinces entiéres ; pour remplacer ce qu'ils avoient dissipé. *Neron* déclaroit qu'il ne connoissoit d'autre usage de l'argent que celui de le répandre, & regardoit la peine de calculer les dépenses, sans quoi l'Etat ni les Particuliers ne sauroient se maintenir, il la regardoit, dis-je, comme un soin servile & réservé à des malheureux ; mais il regardoit ceux qui savoient le prodiguer sans savoir comment, comme des hommes polis & magnifiques. Il n'admiroit son oncle *Caligula* pour aucun de ses exécrables exploits tant que pour avoir consumé en si peu de tems, un Thrésor aussi immense que celui que *Tibere* avoit laissé à l'Epargne, c'est-à-dire une somme qui revenoit à plus de vingt-un millions sterling, dans moins d'un an. Il s'attacha véritablement à suivre cet exemple de près, de sorte qu'il pilla & dissipa presque tout ce que ce grand Empire put lui fournir. Il vola & épuisa les Nations entiéres, les Villes, les Temples & les gens de toute condition : non seulement il les dépouilla de leur argent & de leurs terres, mais encore de leurs meubles, de leurs peintures, & de leurs ornemens. Ses besoins le réduisirent à piller & à tuer : c'est ce qu'avoit fait son prédécesseur & son modéle Caligula qui en étoit enfin venu à établir des maisons de débauche publiques pour en tirer de l'argent, c'est-là qu'on invitoit tout le monde, à servir l'Empereur & à favoriser son commerce. Il eut aussi un magasin public pour la vente des biens confisqués qu'il faisoit acheter à ses chalans au prix qu'il y mettoit lui-même. *Domitien* aussi lorsqu'il eut épuisé les finances par toute sorte de dépenses folles, & qu'il se fut ainsi réduit à de grandes extrémités, eut recours à toute sorte d'expédiens, joua tous les tours imaginables de brigand & de voleur, & en vint à des massacres qui ne finissoient point.

Que pouvoit-on attendre après des dissipations incroyables sinon une barbarie, & un pillage proportionnés. *Ne-*

ron avoit employé la valeur de plus de dix sept millions sterling en libéralités folles. *Vitellius* en peu de mois avoit consumé la valeur de plus de sept millions sterling principalement à des traits signalés de volupté & de gloutonnerie. *Caligula* à un seul souper dépensa près de quatre vingt-mille livres sterling, & donna à son Cheval Favori une crèche garnie d'ivoire & d'or massif sans compter une maison & un train magnifique. *Tiridate* étant venu à Rome, *Neron* dépensa à la réception de ce Prince la valeur de plus de six mille livres sterling par jour, & lui en donna à son départ près de huit cens mille. Il donna à *Menecrates* Joueur de harpe, & à *Spicillus* Maître d'escrime, les Palais & le Patrimoine des Nobles Romains, de ceux même qui étoient du premier rang, de ceux qui avoient eu les honneurs du Triomphe. Il ne falloit pas s'étonner après cela de voir sa femme *Poppée* traînée par des mules qui avoient des harnois d'or, ou se baignant tous les jours dans le lait tiède de cinq cens ânesses qui avoient nouvellement mis bas.

Les revenus du Monde entier ne suffisoient pas aux dépenses, & au luxe de ces vautours couronnés que la puissance & l'élévation avoient rendus frénétiques. Il leur importoit peu que le Genre humain tombât dans la misère & dans la mendicité, pourvu que ces abandonnés, les pires de l'espéce humaine, pussent se livrer à la débauche avec la troupe infame de ruffiens, de flatteurs, de courtisanes, de bouffons & de délateurs dont ils étoient entourés. C'étoit-là leur unique plaisir. Les Nations devoient être épuisées de leurs richesses, & de leur sang le plus pur afin de fournir aux débauches d'un Chef de Cannibales, & de sa suite. Pour entretenir délicatement un petit nombre de gens qui étoient la malédiction & l'opprobre de la Nature, il falloit que tout le reste tombât dans la langueur, dans l'affliction, & dans l'anéantissement. Toutes les fois qu'on manquoit d'un nouveau fonds pour continuer ce train de volupté & de prodigalité, il falloit mettre une rude taxe sur le misérable Peuple déja ruiné par les impôts, ou massacrer & dépouiller un nombre de gens coupables d'être riches : quelquefois on en faisoit mourir quarante à une seule fois.

SECTION II.

Il n'y a que les pires de tous les hommes qui ayent part aux libéralités d'un Prince prodigue, & ils en excluent les honnêtes gens. Combien la dissipation d'un Prince est ruineuse à lui & à l'Etat.

LEs personnes les plus dépourvues de mérite sont celles qui ont le plus de part aux libéralités d'un Prince prodigue; de telle sorte que tous les autres en souffrent. Ceux qui mériteroient les bienfaits en reçoivent rarement. Les gens vicieux, les fainéans, les gens sans pudeur, & les imposteurs ne manquent pas d'obseder le Prince, & d'écarter avec soin tous ceux qui ont le dangereux caractère d'honnêteté, de sincérité, & de modestie. Ce seroient des concurrens trop redoutables pour les Favoris du pouvoir Souverain, on ne doit pas les laisser approcher du Prince, & si cela arrive il faut bien empêcher qu'on ne les écoute. Lorsque le misérable *Vitellius*, non moins malheureux par sa propre imprudence que par la corruption & la fourberie de ses confidens, se perdoit par la précipitation de ses Conseils, ceux de ses Officiers qui en auroient usé fidélement avec lui, & lui auroient donné des conseils utiles, en étoient exclus par les Mignons qui avoient su tourner son esprit simple & facile, de maniére que ne voulant rien écouter que ce qui étoit agréable & pernicieux, il rejettoit toutes les vérités utiles comme fades & désagréables à son goût. Un Centenier honnête homme qui se hazarda à l'informer de son état, de la force & de la victoire de ses ennemis, de sa foiblesse & de ses pertes, en fut regardé comme un traître : cet indigne traitement toucha si fort ce brave homme, que pour preuve de sa sincerité il alla se tuer.

Qui étoient ceux qui recueilloient les dons excessifs des Empereurs Romains ? Qui pouvoit-ce être sinon des Maîtres d'escrime, des Menêtriers, des bouffons, des prostituées, des maquereaux

quereaux, & des accusateurs : des gens en un mot les plus dissipateurs & les plus avides : la peste & l'opprobre de la Société & des Cours, mais les principaux Favoris, & les Conseillers privés de l'Empereur ? L'administration de *Vitellius* étoit sur-tout conduite par les plus vils bateleurs & des conducteurs de chariots, mais sur-tout par *Asiaticus* son Affranchi : ce dernier étoit son bardache, on le regardoit comme un des plus riches hommes de l'Empire & le plus grand frippon. „ Les gens de „ la suite d'un Roi excessivement li- „ beral sont extrêmement portés à „ faire des demandes, & ne les me- „ surent pas par la raison, mais par „ l'exemple ”, dit le Chevalier *Robert Cotton* ; les bienfaits passés sont „ comptés pour rien, nous n'aimons „ que ceux que nous attendons ”. Il a pris quelques-unes de ces remarques de Montagne, il ajoute que „ plus un „ Prince s'épuise en dons, plus il s'ap- „ pauvrit en amis, car une telle pro- „ digalité dans un Souverain aboutit „ toujours à extorsionner ses Sujets. ” Il en donne pour exemple *Henri III.* Ce Roi si généreux & si prodigue fut réduit à vendre ses terres, ses bijoux, engager les Pays qu'il possedoit au delà de la mer, jusqu'à la Couronne impériale, & même à dérober la châsse d'*Edouard* le Confesseur. Finalement il n'eût pas du pain pour sa famille; il fut réduit à rompre son ménage, & à roder avec la Reine & ses enfans allant d'Abbaye en Abbaye demander le vivre & le couvert.

C'est une situation déplorable pour un Roi & même pour tout autre homme: mais il la méritoit bien. Il y tomba par son opiniâtreté, par ses faux sermens, & par sa tyrannie. Il avoit scellé, signé & juré solemnellement l'observation de la grande Charte, avec des exécutions terribles sur lui & sur quiconque l'enfraindroit, cependant il l'enfraignit lui-même ouvertement; brava hautement tous les sermens, toutes les Chartes & toutes les Loix; eut recours à une oppression déclarée appella des Etrangers dans son Conseil, & des Gardes étrangers pour sa personne; devint ennemi de son Peuple, & voleur public. Ce qu'il gagna par tant de vols & d'actes de tyrannie, fut ce qu'il méritoit, la honte, la perte de la confiance, le mépris & la mendicité. Après tout cela on le reçut encore à prêter serment : il jura d'observer la grande Charte; fut rétabli sur le Throne, & reçut de nouveau les subsides. Mais de nouveau parjure & foulant aux pieds les liens de la conscience, il hazarda le salut de son ame, & une Guerre contre son Peuple pour tâcher d'acquerir une autorité pernicieuse. Il faut avouer qu'il devint plus sage sur la fin de ses jours ; & dans un règne de cinquante ans ; il apprit après plusieurs tentatives & révolutions, après plusieurs chagrins & plusieurs malheurs, que sa plus grande puissance, sa plus grande sureté consistoit à gouverner justement, à obéir aux Loix, & à en user bien avec ses Sujets.

" Sa libéralité sans bornes, dit le
" Chevalier *Cotton*, ne lui avoit four-
" ni que de foibles moyens d'acque-
" rir l'amour du Public ; il perdoit plus
" à ramasser l'argent qu'il ne gagnoit
" en le donnant. Ces bienfaits appli-
" qués sans choix, étoient reçus sans
" reconnoissance, deshonoroient celui
" qui les recevoit, faisoient tort au dis-

» cernement de celui qui les accor-
» doit, & décourageoient ceux qui
» fondoient leurs espérances sur leur
» vertu & sur leurs services » . . . . .
Celui qui veut » jetter les fondemens
» de sa grandeur sur l'amour des Peu-
» ples doit les soulager & leur rendre
» justice, car ils mesurent toujours les
» liens de leur obéissance par les avan-
» tages qu'ils en retirent. »

SECTION III.

*Dissipation des finances. Elle tend à pro-
duire des émeutes populaires, & des
Guerres civiles. Combien les hommes s'aiment mieux que le Public. La dissipation
n'aboutit ordinairement à rien de bon.*

QUELLE fut la source de la Guerre civile de Paris durant la minorité de *Louis* XIV, sinon les
extorsions, & les oppressions qu'on
mettoit en usage pour remplir l'Epargne epuisé par la prodigalité, par des
gratifications, & des pensions qu'on
faisoit à des Particuliers ? La Reine &

le Cardinal pour faire goûter leur administration, & se fortifier d'un nombre de partisans, ne refusoient rien à personne, donnoient l'argent du Public à pleines mains, & à force de répandre les bienfaits sur leurs créatures, faisoient enrager le Peuple; car le pauvre Peuple doit toujours tout payer, même pour la peine qu'on prend de le ruiner. Il n'est pas hors de propos de remarquer ici que tandis qu'il n'y eut que le Peuple d'opprimé, les Cours Souveraines ne formerent aucune opposition. Mais dès qu'on commença de s'en prendre à eux & les presser, ils se trouverent animés de l'amour du bien public, & se liguerent pour faire une forte résistance: de là vint le fameux Arrêt d'union de tous les Parlemens. Le Parlement de Paris, quoique poussé par des motifs si bas & si intéressés, étoit regardé comme le refuge des opprimés, & adoré par le Peuple, qui est toujours naturellement reconnoissant s'il n'est séduit par quelque faux ami.

Cette conduite du Parlement de Paris me rappelle le souvenir d'un homme qui avoit un emploi à l'Echiquier

dans le tems des Guerres civiles d'Angleterre. Il étoit fort bon Royaliste, attaché à l'Eglise & à la Monarchie. Il avoit une affection particuliére pour le parti & la personne du Roi, & prenoit beaucoup de part à ses malheurs. Quoiqu'il arrivât au Roi, à son parti, ou à celui de l'Eglise qui avoient du dessous de jour en jour, cet honnête homme possedoit son ame en paix & son poste aussi ; quoiqu'il fût affligé des événemens, il prêchoit à ses amis la patience & la résignation. Il vit tous les malheurs de son Souverain, le vit arrêté, emprisonné, traité durement, jugé & même decapité ; vit la Monarchie, & l'Episcopat même abolis entiérement, tout cela lui déplaisoit à la vérité, mais il le souffroit pourtant, il tenoit pour l'obéissance à ceux qui possedoient alors l'autorité, quoiqu'il ne les approuvât pas. A la fin le Parlement fit une chose qui vint à enflammer véritablement son zèle : cette Assemblée entreprit de régler & de retrancher les droits de l'Échiquier, notre homme déclara pour lors. ,, Que
,, si les Loix fondamentales étoient at-
,, taquées, il étoit bien tems que tous

„ les honnêtes gens fongeaſſent à
„ eux. „

Il n'y a ni preſens ni bienfaits qui faſſent qu'on puiſſe compter fur des gens fans honneur & fans vertu. Tel a été hautement favoriſé par fon Prince, & très-redevable à fa libéralité qui a été le premier à l'abandonner, & même à fe tourner contre lui. Tel autre n'a regardé les biens qu'on lui a faits, que comme une choſe dûe à fon mérite qui ne l'engageoit à rien pour des ſervices à venir. Sans compter que pluſieurs peuvent être gagnés, & engagés pour entrer dans certaines meſures, mais non pas tous. De forte que ces largeſſes, ces foins qu'on fe donne d'acquérir des créatures par le moyen de l'argent, riſquent d'être regardés comme une marque de la foibleſſe de l'adminiſtration, & des craintes de ceux qui font en place: le Gouvernement vient à être mépriſé, & les fangfues deviennent inſatiables. On en peut conclure encore que la Cour a formé des projets pernicieux. Ce qui obligera certaines gens à fe faire acheter à plus haut prix, tandis que d'autres fe dédiront de leur marché. Dans ces divers cas plusieurs abandonnérent la Reine & le Cardinal ; & entre ceux qui leur demeurerent attachés il y en eut peu qui le fussent constamment & sincérement quelque bonne mine qu'ils fissent.

SECTION IV.

Combien l'épargne convient à un Prince prudent ; malheurs inévitables où tombent ceux qui sont prodigues.

LEs Princes devroient se regarder uniquement comme les œconomes du Thrésor public, & quel tort ne se font-ils pas en violant ce depôt ! Quel deshonneur, quelle injustice & quelle cruauté n'y a-t-il pas d'employer l'argent des Sujets autrement que pour leur avantage ; à plus forte raison de le dépenser follement, ou de le donner à des vauriens, des flatteurs & des débauchés ? Je suis charmé de l'œconomie d'*Omar*, second *Caliphe* après *Mahomet* ; il avoit un bijou d'un grand prix dont l'Empereur

Héraclius lui avoit fait présent : il le vendit. Ses amis lui disoient de le garder pour lui-même : à quoi il répondit qu'il ne sauroit se justifier de cette faute envers le Public. La fermeté, & le crédit de son administration égaloient son œconomie à l'égard du Public, & en traitant avec les particuliers il étoit également juste & judicieux.

La conduite d'*Othman* son Successeur immédiat fut bien différente, de même que sa réputation & sa destinée : il étoit partial dans le choix de ses créatures & leur prodiguoit ses bienfaits. Il les employoit quoique dénuées de talens ; éloignoit les meilleurs Officiers de l'Etat pour leur faire place, & employoit à les enrichir le Thrésor public. *Othman* disoit que ces finances appartenoient à Dieu, & qu'en qualité de Successeur de l'Apôtre de Dieu, il avoit droit d'en disposer selon son bon plaisir. Il y a apparence que ses Mignons & ses flatteurs avoient rempli son foible cerveau de visions extravagantes sur ses *Prérogatives*, & son *droit divin*, pour lesquelles choses sans doute ces dangereux Hypocrites témoignoient beaucoup de zéle. C'est ce que d'autres ont fait souvent après eux, c'est-à-dire qu'ils ont si fort infatué le Prince du droit divin de faire tout ce qui lui plairoit, (c'est à dire du pouvoir de la part de Dieu d'être malfaisant) qu'il s'est perdu pour en vouloir faire l'épreuve. Le Tout-puissant a ainsi vengé la colomnie blasphématoire qui attaquoit sa bonté infinie, & a donné hautement le démenti à ces séducteurs.

Une administration où les dépenses ne sont pas bornées ne sauroit se soutenir, elle tombe dans le mépris & devient chancellante: celle d'*Othman* le fut au plus haut degré, & il fit une fin tragique. Les mécontentemens publics, les plaintes des Peuples, & les soulevemens, étoient le résultat naturel de ses malversations. Comme il avoit tout sacrifié à ses créatures, & eu plus d'égards pour sa famille que pour ses Sujets, il n'étoit pas surprenant qu'ils se dégoutassent de lui, encore moins qu'ils fussent irrités de voir qu'on employoit les finances à entretenir d'indignes Favoris. Lorsque les Peuples qu'il avoit ainsi poussés à bout eurent pris les armes contre le Caliphe, les Favoris qu'il avoit achettés à si haut prix furent-ils en état de le défendre ? Non assurément : ce pauvre Prince après avoir perdu l'estime & l'amour de ses Sujets fut laissé à l'abandon & massacré dans son Palais tenant l'Alcoran sur ses genoux : car *Othman* étoit fort devot & disoit peut être ses prières dans le tems que son Sécrétaire abusoit du nom & du sceau de son Maître pour ruiner ses meilleurs Sujets, & serviteurs.

Henri III Roi de France étoit un grand dissipateur : ses exactions & ses rapines étoient proportionnées à sa prodigalité. Il s'étoit si fort plongé dans la débauche & dans la sensualité, avoit si fort épuisé & extorsionné ses Sujets qu'on disoit de lui que c'étoit uniquement par les oppressions journaliéres & insupportables que ses Sujets savoient qu'il étoit en vie. Peut-on rien dire de plus infame d'un Roi dont l'unique devoir est de s'appliquer journellement au bonheur de ses Sujets ? Il faisoit un usage bien différent de son pouvoir, il les dépouilloit sans pitié pour assouvir ses Mignons, & ses vicieuses fantaisies : comme si la Royauté ne confiftoit qu'en luxe & en pompe ; & que les Princes ne duſſent ſonger qu'à eux-mêmes.

Il recueillit les juſtes fruits de ces énormités & de ſon imprudence, il ſouffrit de grands maux pour en avoir fait ſouffrir à ſon Peuple. Sa prodigalité, & les moyens impitoyables qu'il employoit pour l'entretenir, jetterent ſes Sujets dans le déſeſpoir, & ſi la premiere partie de ſon règne ſe paſſa dans les plaiſirs, & dans l'oppreſſion des Peuples, la derniere aboutit à l'infortune & à la miſère. Il ne pût jamais recouvrer l'eſtime & l'affection de ſes Sujets, & quelques ambitieux tirant avantage du mépris & de la haine que tout le monde lui portoit le pourſuivirent juſqu'à la mort. Celui qui avoit été un homme de ſang mourut dans le ſang. Cependant cet infortuné Prince avoit pluſieurs bonnes qualités, il en avoit même de grandes : mais il étoit facile & prodigue; il ſe rendit ainſi la proie des impoſteurs, de ſes Mignons & des Moines ; à l'égard de ſes Sujets il fut un Tyran impitoyable.

Le Pere de ce Prince avoit auſſi un

heureux naturel, & étoit doué de belles qualités, mais son règne fut fâcheux & insupportable, à cause qu'il étoit prodigue & par conséquent avide. Il mit sur son Royaume plusieurs impositions auparavant inconnues. Tout cela pourtant ne suffisoit pas pour contenter un petit nombre de Favoris : sans compter les vexations du pauvre Peuple, les gens riches voyoient confisquer leurs biens qu'on donnoit aux sangsues qui obsedoient le Roi. Pour exécuter cela on tordoit les Loix, ou on les fouloit aux pieds, on forgeoit des preuves, on subornoit des témoins & l'on mettoit en usage tous les artifices de Cour pour faire périr les innocens afin d'enrichir des misérables couverts de crimes. L'Hérésie fut un prétexte avantageux pour déchirer, & dépouiller les gens opulens, pour donner leurs dépouilles aux Mignons. L'innocence n'étoit point un asyle : tout homme marqué pour être une victime n'avoit d'autre ressource pour sauver sa vie & son bien que de donner de grosses sommes aux Favoris pour obtenir leur intercession auprès du Roi : ce Prince pour l'amour de ces serpens alterés de sang s'étoit rendu l'ennemi & le destructeur de son Peuple.

La Duchesse de Valentinois très-méchante femme qui gouvernoit ce Prince, ou pour mieux dire qui le séduisoit, se gorgeoit de confiscations, sur-tout de celles des Huguenots. Le Roi cependant se trouvoit dans le besoin ; son Gouvernement étoit foible, plein de malversations, & d'infamie. Il avoit dépensé un grand Thrésor que son Pere lui avoit laissé, sucé le sang de son Peuple, s'étoit emparé de plusieurs Patrimoines, s'étoit endetté de quarante millions, & cependant son Royaume étoit sans défense : il ne pouvoit conserver ses Etats en entier, ils étoient demembrés de toutes parts : *Aliis quidem quum omnia raperent, & rapta retinerent, ut si nihil rapuissent, nihil detinuissent, defuerint omnia.* Paneg. de Pline.

Telle est la malédiction sur un Roi : des Favoris ames venales & insatiables ; telle est la malédiction sur le Peuple, un Roi qui se laisse gouverner par des gens de ce caractere. Ils ne manquent jamais d'attirer la désolation & la misère sur les Sujets, la nécessité

& le deshonneur sur le Prince : il arrive même qu'il n'en est pas quitte pour cela. La mort violente qui abregea les jours de ce Prince nous laisse seulement conjecturer les évènemens que sa conduite auroit pu produire, s'il avoit suivi les mêmes mesures, & si son règne eût duré plus long-tems.

SECTION V.

Comparaison des effets de l'Oeconomie, & de la dissipation des deniers publics. Les Princes qui tombent dans l'embarras par leurs profusions n'ont de ressource ni dans le cœur ni dans la bourse de leurs Sujets.

PArsimonia magnum est vectigal. Ce ne sont point les grands revenus qui font l'abondance, c'est l'épargne & la frugalité : ce n'est pas non plus le petit revenu mais le défaut de ménage qui amène la pauvreté. *François I.* étoit riche avec peu de subsides, quoiqu'il eût toujours la Guerre à soutenir. Telle est la ressource d'une bonne œconomie qu'elle fournit à tant de demandes, & à tant de dépense Ses Successeurs furent pauvres avec des taxes sans nombre, même en tems de paix. *François* étoit si convaincu que les revenus de ce tems-là même étoient suffisans qu'il conseilla à *Henri II* son fils de soulager les Peuples, & de supprimer quelques-uns des subsides, sur-tout ceux qu'on avoit imposés pour le soutien de la Guerre, nous avons vu plus haut comment il profita de ce bon conseil.

Lorsque les Princes qui par leurs dépenses folles ou mal entendues, se trouvent à l'étroit faute d'argent, & qu'ils viennent à être pressés par quelque nécessité publique, par des désordres au dedans, & des Guerres au dehors, à quoi les Princes de ce caractère seront toujours sujets, ils voyent alors trop tard peut-être l'imprudence criminelle de leur mauvaise œconomie. Les Peuples dont ils ont épuisé la patience, ne veulent plus les soutenir, ou ne le peuvent se trouvant épuisés. Les Princes auront-ils donc recours à leurs Favoris pour défendre leur Couronne contre les attaques d'un usurpateur ? *Neron* au milieu de ses débauches
&

& de ses profusions, ne s'avisa jamais de prévoir qu'il pouvoit tomber dans le malheur : qu'il seroit un jour obligé de demander de l'argent aux Romains, & d'en essuier un refus. Il vécut assez pour voir ce jour-là, pour éprouver le besoin & pour ne trouver personne qui y pourvût. Lorsque les Provinces, & les Armées vinrent à se révolter & qu'il jugea à propos d'y aller mettre ordre en personne, il manqua des fonds nécessaires pour cela. Il donna ordre à tous les Sujets de quelque qualité & condition qu'ils fussent, d'apporter un certain argent selon leurs facultés. Presque tous refuserent de contribuer quoi que ce fût, & demanderent d'un commun accord qu'il rapellât plutôt les sommes immenses qu'il avoit données à ses créatures, aux instrumens de sa tyrannie, les Délateurs & les Accusateurs : c'étoit une réponse piquante & juste faite à un Tyran furieux.

L'administration menagère du Thrésor public est une marque qu'un Etat est bien gouverné : il ne l'est jamais bien lorsque les finances sont dissipées ou que l'emploi en est mal appliqué.

On disoit à l'honneur du Gouvernement de la Reine *Elisabeth* qu'on ne sauroit trop louer, que la Majesté, & l'Epargne se disputoient l'avantage : point de prodigalité, point de bassesse, point de dureté pour le Peuple, point de chagrin contre la Reine. Elle n'avoit jamais opprimé ni épuisé son Peuple : ce n'étoit pas merveille si elle en avoit le cœur que M. *Osborne* appelle très-bien le Paradis d'un Prince.

Son Successeur qui fut toujours prodigue fut aussi toujours dans le besoin, occupé sans relâche à imaginer de nouvelles ressources pour avoir de l'argent & ne rejettant jamais aucun plan qu'on lui présentât pour cela, quelque dur & scandaleux qu'il pût être. De là venoient tant de cabales, tant de monopoles ruineuses au Commerce & aux Sujets, tant de vexations juridiques, tant d'amendes arbitraires & excessives. Les sangsues qui l'obsédoient continuellement le réduisoient à sucer le sang du Public. La profusion faisoit qu'on tomboit dans le besoin, & le besoin qui fait tomber les Particuliers dans la tentation de devenir fripons, rend les gens en place oppresseurs. Tous ses revenus fixes, tous les subsides qu'il obtenoit des Parlemens, avec tous les profits qu'il retiroit de plusieurs inventions basses, de plusieurs tours d'oppression pour avoir de l'argent, suffisoient à peine pour élever & entretenir ses Favoris ; des gueux revêtus, des ruffiens, & des voluptueux.

Les Sujets pouvoient-ils se plaire à une telle administration, pouvoient-ils honorer leur Roi ? Il étoit regardé au plus comme un Roi fondé sur la Loi, mais non pas sur l'affection des Peuples. On comptoit que ses Mignons coûterent plus à l'Angleterre, qu'*Elisabeth* n'avoit dépensé dans toutes les Guerres qu'elle avoit soutenues. Ce Prince étoit avide de tous les nouveaux moyens de lever de l'argent, & de presser son Peuple ; avide d'amendes & de confiscations. Il avoit choqué son Parlement qui ne se soucia plus après cela de lui faire plaisir, il le trompa, & le Parlement ne voulut plus se fier à lui, il refusa toutes les demandes raisonnables de cette Assemblée, ou les accorda pour les éluder ensuite ; il eut recours aux subterfuges les plus indignes, & on le regarda après cela comme indigne de toute confiance. Il fallut qu'il se soumît à voir les sommes accordées par le Parlement déposées entre les mains des Commissaires nommés par le Parlement. Il les tira ensuite par force des mains des Commissaires, violant ainsi son honneur & la foi promise.

Un Prince doit être extrêmement méprisable quand on peut dire de lui comme on disoit de celui là ,, qu'il ne for-
,, moit des desseins pour nuire à d'au-
,, tres Peuples qu'au sien propre ; il étoit
,, inexorable à l'égard de ceux qui vo-
,, loient les bêtes fauves, & indulgent
,, aux meurtriers, ,, car on n'avoit jamais vu de meurtrier puni lorsqu'il avoit de l'argent. En échange de sa prodigalité, de ses parjures, & de son oppression, il fut méprisé & haï : il passa sa vie dans une inquiétude continuelle, & dans le malheur. Ce fut sous son règne que commencerent ces mécontentemens qui dans la suite envelopperent la Nation dans une longue Guerre civile.

SECTION VI.

Les plus grands revenus ne sauroient fournir au mauvais ménage. Combien le défaut d'œconomie est fâcheux au Peuple & pernicieux à l'Etat. Quelle est la vraie libéralité d'un Prince. Esprit méprisable des Casuistes flatteurs.

IL n'y a point de revenu qui puisse soûtenir des dissipations continuelles. Les richesses du nouveau monde, les mines du Mexique & du Perou possédées par les Espagnols n'ont pu affranchir leur grande Monarchie d'une honteuse pauvreté durant une longue suite d'années sous les derniers règnes, à cause que les finances étoient mal dirigées, prodiguées mal à propos, à des pensions excessives, & diverties de leur usage légitime qui est le service de l'Etat. Il arriva ainsi que cette orgueilleuse Nation qui avoit aspiré à la Monarchie universelle, se vit dans une si grande impuissance & dans un si grand découragement que loin de conquérir le pays.

des autres, elle pouvoit à peine défendre le sien propre : elle se vit enlever une partie de ses plus considérables Domaines, & sans le secours de quelques-uns de ses voisins, de ceux même qu'elle avoit voulu engloutir, & qui pour l'interêt de leur propre conservation se voyoient obligés à embrasser la défense de cet ancien ennemi, cette Monarchie auroit suivi la fortune de ses frontiéres, & seroit devenue le jouet & la proie d'un Conquérant. Un petit nombre de Provinces qui lui avoit appartenu, de peu d'étendue, mais d'une merveilleuse œconomie, qui avoient obtenu des victoires contre elle pendant sa prospérité, la soutinrent dans sa décadence, & la surpasserent dans la grandeur des Flottes & des Armées employées à la défense de cette Monarchie, comme dans la promptitude & l'habileté de les mettre sur pied. Peut-on avoir un exemple plus remarquable des différens effets de l'œconomie, & du mauvais ménage ?

Sous le Ministère du Cardinal *Mazarin*, durant la minorité de *Louis* XIV, lorsqu'on manquoit d'argent pour le service de l'Etat, les Surintendans disoient

„ qu'il n'y en avoit point dans le Thré-
„ sor, mais que le Cardinal en prête-
„ roit au Roi. „ S'il y avoit eu une bonne œconomie, le Roi n'en auroit pas été si dépourvu, ni le Cardinal si fourni. Lorsque l'Empereur *Claude* se plaignit une fois que son Thrésor étoit épuisé, on remarqua fort à propos „ qu'on l'auroit rempli considérablement
„ si les deux Affranchis qui gouvernoient
„ l'Etat, l'eussent admis au partage de
„ leurs richesses. „ *Narcisse* & *Pallas* étoient ceux dont on vouloit parler qui ne s'étudoient qu'à piller & à fourrager de tout leur pouvoir, sans égard à ce qu'il en coutoit au Peuple, & sans considérer les besoins de l'Empereur.

Louis XIV, qui étoit très magnifique, c'est-à-dire qui jettoit l'argent à pleines mains pour la pompe & la vanité, lorsqu'il eut entendu parler de la Ligue qui se formoit contre lui, resolut de retrancher ses prodigieuses dépenses en bâtimens, en jardins, en bijoux &c. Cette même année, il avoit dépensé en bâtimens seulement quinze millions. Il ne pouvoit pas s'en tenir à la résolution qu'il avoit prise de se retrancher, malgré les besoins publics si pressans, malgré la pauvreté des Peuples si triste & si touchante, il continua de prodiguer les finances, & d'imposer des taxes. Il ne vouloit pas se passer de ce que le Peuple avoit entre les mains : sa pitié avoit moins d'étendue que son pouvoir.

Epargner le Peuple, le nourrir, & l'enrichir, c'est en quoi consiste la vraie & principale libéralité d'un Prince. Cette libéralité est détestable qui apprauvit les Sujets. On disoit avec justice d'*Othon* que ceux qui profitoient de ses profusions se trompoient bien s'ils les recevoient à titre de libéralité. Ce Prince savoit dissiper l'argent d'une manière désordonnée, mais il ignoroit absolument les régles de la libéralité bien entendue & bienfaisante. J'admire un sentiment de *Henri* IV Roi de France, qui étoit véritablement un grand Prince, il espéroit, disoit-il, de voir le tems que le plus pauvre Paysan de son Royaume pourroit mettre la poule au pot. Cela montroit le véritable esprit d'un Roi pere de son Peuple, cet esprit que chaque Roi devroit avoir,

avoir, sans quoi je ne vois pas pourquoi il se mêle de régner. Quelle est la fonction d'un Roi si ce n'est de rendre son Peuple heureux? Qu'a à faire le Peuple d'un Roi qui le rend misérable? Cependant je dirai à la honte de quelques-uns de nos Rois d'Angleterre qu'ils exigeoient le payement des Peuples & l'obtenoient, même pour leur avoir accordé des Loix & des Concessions raisonnables; & ne se départoient jamais des exactions illégitimes sans en obtenir un équivalent. On les payoit pour accorder à leurs Sujets ce qui étoit juste & raisonnable.

Il m'est arrivé de perdre patience en lisant en quelque endroit l'Histoire suivante d'un Prince qui de nos jours se donnoit le nom de *Grand*, à mon avis très-mal à propos. Il contoit à une de ses Maîtresses combien lui avoit procuré de repos d'esprit son Confesseur à qui il avoit communiqué son inquiétude sur l'oppression & l'épuisement de son Peuple. Que le bon Religieux avoit dissipé tous ses scrupules en l'assurant que tout ce que ses Sujets avoient étoit à lui, & qu'il pouvoit en conscience prendre ce qui lui appartenoit.

Tome II. T

On dit que la Dame lui répondit d'une manière franche & juste. ,, Etes vous ,, assez sot pour le croire ? ,, Il n'y avoit sans doute point de flatterie, point de vues interessées pour la faveur & les bienfaits de la Cour dans les décisions des questions d'Etat & de conscience, de ce saint & impitoyable imposteur qui se servoit de la Loi de Dieu pour autoriser l'oppression, & sanctifier les énormités d'un Tyran ! Assurément le défaut de Religion est un moindre mal que cette Religion qui étouffe les sentimens d'humanité, & autorise la tyrannie ; & de tous les adulateurs ceux qui encensent les Princes au nom du Seigneur sont les plus odieux & les plus funestes.

Lorsque le Roi *Jacques I* demanda à l'Evêque *Neal* s'il ne pouvoit pas puiser dans la bourse de ses Sujets sans les formalités, & le consentement des Parlemens, l'Evêque lui répondit rondement qu'il le pouvoit. ,, A Dieu ne ,, plaise, Sire, que vous ne le puissiez, ,, vous êtes le souffle de nos narines. ,, Avec ce jargon, & une application impie & burlesque de l'Ecriture, ce Prélat auroit voulu autoriser la subversion des Loix fondamentales de l'Etat, & lâcher la bride au Roi pour dépouiller ses Sujets au mépris du devoir d'un Roi, du serment prêté à son Sacre, & de la Constitution du Royaume. Pourquoi la Loi n'a-t-elle point ordonné des châtimens pour un tel parricide empoisonneur, ennemi déclaré des Loix, & de la Liberté ? On prononce avec justice que projetter la mort d'un Roi est un crime de haute trahison. L'Evêque projettoit la destruction de l'Etat. Il y a apparence que cet impie Pédant ne se porta à cet excès de méchanceté & d'imposture, que pour complaire au Roi, favoriser l'Episcopat, & se frayer le chemin aux honneurs Ecclésiastiques. J'ignore dans quel autre sens le Roi pouvoit être le souffle des narines de l'Evêque. Ce dont je suis certain est que ç'auroit été un faux compliment dans la bouche des peuples, s'ils avoient été dépouillés & volés contre la disposition de la Loi, selon le désir du bon Prince, & le sentiment du pieux Evêque. Ce misérable motif dans une ame basse comme la sienne, étoit supérieur au bonheur de la Société civile, aux Loix de la Patrie, & à toutes choses

On étoit si convaincu dans la Republique d'Athènes, du danger, & du mal qu'il y a à dissiper l'argent du public ou à l'employer mal à propos, que pour en prévenir le mauvais usage on fit la terrible Loi suivante : « D'autant qu'on a » destiné tous les ans mille talens pour » la défense de la Ville d'Athènes contre » les invasions des Etrangers, si quelqu'un » présume de divertir, ou propose de » divertir cet argent ou partie d'icelui à » d'autres usages, qu'il soit puni de mort ». Quoique par la Loi d'Athènes aucun Citoyen ne pût être mis dans les liens, ceux qui avoient dissipé ou mal employé le Thrésor public étoient privés du bénéfice de la Loi. Les Athèniens prirent plusieurs autres précautions sages & rigoureuses pour assurer les revenus publics & par ce moyen leur République : persuadés qu'un Etat ne sauroit conserver sa tranquillité ni son honneur, lorsqu'on en dissipe les finances. Une nation de même qu'une famille, se ruine par des profusions.

SECTION VII.

Oeconomie du Thrésor public combien avantageuse à tous les Membres de l'Etat, blâmée seulement par peu d'entre eux. Gratifications publiques mal appliquées combien honteuses.

Tous ceux à qui le Prince n'enlève rien, c'est-à-dire la plupart des Sujets, le regardent comme généreux & bienfaisant, & un petit nombre à qui il ne donne rien le trouvent chiche & trop ménager: c'est ce que dit *Machiavel* & cela est vrai. Que le Prince considere par conséquent, s'il n'est pas plus juste, plus prudent, & plus utile d'obliger & de flatter son Peuple au hazard de déplaire à quelques Particuliers, que d'entretenir, & d'assouvir un petit nombre de Particuliers aux dépens du Peuple. Les Sujets aiment quelquefois de voir un Prince libéral, mais ils ne se soucient point d'en faire l'épreuve lorsqu'il l'est à leurs dépens. Ce doit être un triste sujet de réfléxion à un Prince, s'il est capable d'en faire, de songer que pour donner une grosse pension à un homme indigne peut-être, & prodigue, il met un fardeau pesant sur les épaules de plusieurs centaines de ses meilleurs Sujets & qu'il opprime une multitude, pour être généreux ou plutôt prodigue à l'égard d'un seul homme. C'étoit un compliment honorable & sincère qu'on faisoit à *Trajan* ; qu'il réprimoit avec beaucoup de prudence les profusions du Fisc, à cause qu'il n'avoit jamais pensé à le remplir aux dépens des innocens.

Il est en vérité honteux à un homme d'accepter des gratifications du Public, s'il peut s'en passer. Le moins qu'on en puisse dire c'est qu'il est à l'aumône publique, & tout homme qui a du bien, & avec cela de la vertu ou de la pudeur, trouve cela au dessous de lui. Ce que je dis ici ne regarde pas ceux qui servant le Public en tirent une rétribution, puisque les récompenses qui sont dûes n'ont rien de honteux. Hélas le service n'est que trop souvent mis à un prix excessif, & lorsqu'il cesse, la récompense en est souvent continuée à ceux qui n'en ont pas besoin, ce qui est encore pire on la donne à ceux qui non-seulement pourroient s'en passer, mais même qui sont hors d'état de la mériter! Je sai qu'on a fait de grandes largesses, & accordé de fortes pensions viageres à plusieurs personnes sans autre raison apparente sinon qu'ils avoient assez peu de pudeur pour demander, & le Prince assez de facilité pour accorder. S'ils avoient une juste prétention à une récompense elle étoit trop infame pour être avouée, & c'est une tache a un Prince que pour un service ou peu considérable ou criminel qu'on lui a rendu personnellement, il ait les mêmes égards & autant ou plus de reconnoissance que pour un service signalé rendu à l'Etat; ou lorsque les emplois de l'Etat ou ses deniers sont prostitués à des gratifications pour des corvées ou des confidences particuliéres.

Lorsque cette humeur libérale est en règne, il n'y a point de fin aux Solliciteurs & aux prétendans. Chaque personne de tout sexe, a quelque chose à alléguer, quelque perte ou quelque service rendu. Ces sortes de prétentions se multiplient principalement à l'avénement d'un nouveau Prince à la Couronne. " A chaque chan-
" gement de règne, dit le Chevalier
" *Robert Cotton*, il y a peu de personnes

» quelque abjectes, ou modestes qu'elles
» soient, qui ne soient portées à
» faire valoir quelque vûe apparente
» de fortune. Les hommes s'atten-
» dent à être payés pour avoir fait
» leur devoir & servi le public, c'est-à-
» dire, pour s'être servis eux-mêmes ; &
» ce qui n'est qu'un devoir ils l'appellent
» un mérite : le mérite doit être récom-
» pensé, & lorsqu'on permet aux gens
» d'évaluer le leur propre, on peut juger
» qu'il ne se perdra rien de sa valeur,
» & de son étendue. Il y en a peu qui
» se croyent autant avancés dans les
» emplois qu'ils le sont en capacité ».
Lorsqu'il n'y a pas assez d'emplois pour
gratifier les prétendans ils s'attendent à
un équivalent ; & lorsque les pensions
se multiplient, & qu'on les donne à
plusieurs personnes sans mérite on ne
sauroit donner de bonnes raisons pour
en refuser à d'autres comme indignes.
C'est ainsi que les revenus du public sont
abandonnés au pillage. Disons que lorsque la corruption a fait de grands progrès
il n'est pas aisé d'y remédier; que celui qui
l'entreprend le premier, soit Prince ou
Ministre, doit s'attendre qu'il va se
charger d'une pénible tâche, qu'il lut-

te contre un torrent d'oppositions & de clameurs: car toutes les Harpies, tous ceux qui n'auront pas les mains pures auront aussi la langue de même. Lorsque l'œconomie publique, & le soulagement des Sujets est le but qu'on se propose, on ne manque guères d'être accusé d'injustice & d'avarice. Cependant comme la Réformation est toujours juste, elle ne manque pas à la fin de plaire au Peuple; quand la plupart des Sujets se trouvent bien du juste dérangement des mesures d'un petit nombre: *Augeo principis munus quum ostendo liberalitati inesse rationem. Ambitio enim, & Jactantia, & effusio, & quidvis potius quam liberalitas existimanda est cui ratio non constat.* Paneg. de Pline.

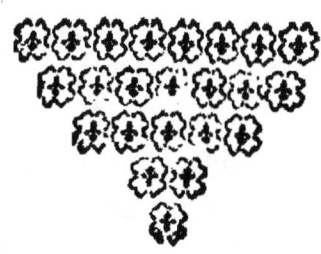

SEPTIEME DISCOURS,

Des Souverains.

SECTION I.

Quel est le devoir d'un Prince. Motifs qui le portent à être bon, & à se contenter d'une autorité limitée : celle des Empereurs Romains l'étoit.

SI nous examinons à présent le devoir d'un Prince, pouvons-nous douter qu'il soit autre que de se conformer aux Loix, d'obliger les autres à s'y conformer ; de veiller pour le bonheur public, de consulter le bien du corps de la Nation, & des Particuliers ; de prévenir l'oppression & de la châtier ; de favoriser les progrès de la Vertu, & de la récompenser ; de se considerer comme destiné à proteger les Peuples & non pas de regarder les Peuples comme faits pour son plaisir : que là où ses Sujets ne recueillent aucun avantage, il ne sauroit recueillir aucune gloire non plus ; de fortifier l'observation des Loix par son propre exemple comme par ses décisions ; & par un soin fidéle & attentif de ses Sujets d'en mériter l'affection & la fidélité ? *Omnia invisere, omnia audire, & undecunque invocatum statim velut numen adesse & assistere.*

C'est ainsi qu'il doit se rendre semblable à la Divinité, dont il ne sauroit être l'image qu'en faisant des actes de piété. Ce n'est pas assez, qu'il fasse des choses innocentes ; qu'il s'abstienne de ce qu'il y a de mauvais & de bas ; il ne doit rien faire qui ne soit vertueux, élevé & animé de l'amour du Public. Il doit fuir & détester les artifices sordides & bas. Celui qui représente le tout-puissant, qui est le conservateur des Loix & de la vie des hommes, doit être juste, observer les Loix, & tâcher de ressembler à son Créateur, à son Souverain. Comment peut-il, & ose-t-il faire du tort ou négliger ceux pour l'amour de qui il est ce qu'il est ? ,, Celui qui est au-dessus de ,, tous devroit être meilleur que tous,,, c'étoit la maxime noble & sage de Cyrus. *Un Roi entant que Roi, n'a rien proprement sien : il se doit soi-même à autrui.* La jurisdiction ne se donne point en faveur du jurisdiciant : c'est en faveur du juridicié : Ce sont les termes de *Montagne* il ajoute qu'un Supérieur est établi non pas pour son propre avantage mais pour celui de ses inférieurs, comme un Médecin est établi pour les malades & non pour lui-même.

Un Prince tel que nous venons de le représenter, dont le but & l'ambition est le bien de ses Sujets, comme c'est véritablement son affaire, ne souhaitera point le pouvoir de leur nuire ; il n'en voudra point non plus dont ses Ministres ou ses Successeurs puissent abuser au préjudice de ses Sujets. Quoiqu'un Prince sage & juste ne fasse un mauvais usage d'aucune autorité, il n'en ambitionne point qui soit sans bornes, parce que celle que les bons Princes ont eue, leurs Successeurs quelque mauvais qu'ils soient la reclament. Ainsi les bons Princes se contentent d'un pouvoir limité de peur que les mauvais n'en ayent un excessif à l'avenir. Ils portent leurs vûes au de-là de leur règne, & prennent des mesures pour faire que leurs Sujets soient heureux après leur mort. Cette considération aggrave terriblement le crime de l'usurpation & du renversement des Loix d'un pays. Quoique celui qui le commet ait de bonnes qualités, & que peut-être il souhaite le bien public, cependant ceux qui doivent venir après lui peuvent être des imbéciles, des insensés, des animaux ravissans. Par conséquent on ne sauroit excuser ni pardonner *César* non plus que ceux qui lui ressemblent.

Qu'un Prince soit revêtu d'un pouvoir sans bornes tant qu'on voudra, le but en est ou doit être le bien de la Nation; le Prince ne pouvant avoir l'autorité d'être méchant ou cruel. Le pouvoir de détruire n'est pas donné mais pris, & l'usurpation ne donne aucun droit. Les fantaisies déréglées d'un homme ne peuvent être le fondement d'une autorité réglée, d'un pouvoir légal. ,, Il est difficile ,, à celui dont la puissance n'a point de ,, bornes d'en mettre à ses passions ,, , a dit le sage *Marc Aurele*. Les Empereurs Romains même ne prétendoient point être au-dessus des Loix, mais seulement au-dessus des formalités des Loix. S'ils ont agi autrement, comme ils ont fait en général, ils ont donné le démenti à la vérité & aux protestations qu'ils ont faites *Alexandre Severe* déclara que rien n'étoit si propre au pouvoir Souverain, rien ne le caractérisoit davantage que de se conformer aux Loix. *Trajan* disoit que le Prince étoit si peu au-dessus des Loix qu'au contraire les Loix étoient au-dessus du Prince. Il prêta le serment d'obéir aux Loix, & l'observa fidélement : ce qui fait dire à *Pline*. " Que tous les " Empereurs avant lui avoient fait les " mêmes protestations, mais que l'on " ne les en a pas crus ". *Trajan* fut ce que ses prédécesseurs avoient promis d'être. Les Romains au tems des Empereurs, faisoient une grande différence entre un Prince & un Maitre, ils consideroient le premier comme un Magistrat légitime, & le dernier comme un intrus & un Usurpateur. On remarquoit de *Trajan* qu'il occupoit la place d'un Prince légitime pour empêcher les fonctions d'un Gouvernement qui secoue le joug des Loix : *Sedem obtinet Principis, ne sit domino locus*. L'Empereur *Adrien* déclara dans une Assemblée publique de Romains, qu'il gouverneroit comme un homme chargé de la direction des affaires du Peuple, & non des siennes propres ; & *Severe* reconnoissoit qu'il n'étoit que l'homme d'affaires du Public. Plusieurs Empereurs firent un usage pernicieux de leur pouvoir, mais l'abus qu'ils en faisoient n'étoit pas un des droits de leur charge.

SECTION II.

Sagesse du Gouvernement conforme aux Loix. Nulle autorité juste sans la Loi. Le Gouvernement juste veut du Jugement. Un simple vaurien est capable d'exercer la Tyrannie. Un honnête homme n'est point épris d'un pouvoir sans bornes.

CEux qui sont placés au-dessus des hommes n'oublient que trop souvent qu'ils ne sont eux-mêmes que des hommes. Il est certain que ceux qui ont prétendu être au-dessus des Loix, au-dessus des hommes, étoient au-dessous des bêtes brutes : ceux qui prétendoient à la Divinité étoient l'opprobre du Genre-humain. Cela fit dire à *Pline* parlant à *Trajan*, ,, que sans s'attribuer les ,, honneurs du Ciel, il avoit l'ame vraie- ,, ment divine : que la destinée des Prin-

„ ces ses prédécesseurs faisoit voir claire-
„ ment qu'il n'y a que ceux qui aiment les
„ hommes qui soient aimés par les Dieux„.

Sur quoi les Princes fondent-ils leur droit à la suprême autorité ? Ce n'est pas sur leur volonté pure : car conséquemment tout homme qui a la force en main a droit à l'autorité : droit de faire tout ce que lui inspire sa force brutale. Si le bien public est le fondement général des Loix; les Loix sont la regle & les limites de l'autorité du Souverain. Les Princes à qui tous les hommes sont & devroient être soumis, sont ceux qui sont chargés de l'éxécution des Loix, & du soin de la conservation de tous les hommes. Si les Loix sont pour la sureté de l'Etat, pourquoi le Prince ne les observeroit-il pas, lui à qui la garde de l'Etat est confiée ? Les Empereurs Romains dans leurs actions tyranniques même, prétendoient observer les Loix ; & c'étoit sous le nom de quelque Loi qu'ils commettoient la plus grande partie de leurs cruautés. Ils n'osoient pas violer les Loix ouvertement : ainsi *Claude* fit scrupule d'épouser *Agrippine* n'y ayant point de Loi qui autorisât le mariage de l'oncle avec la nièce ; il n'osa pas ac-
complir

complir ce mariage jusqu'au Décret du Sénat qui fût expedié pour cet effèt. C'est ainsi que le barbare *Neron* même se comporta en exterminant quelques personnes de la première distinction : il les fit massacrer avec les formalités, & en dérision de la Loi.

La plus grande gloire d'un Prince est de se conduire selon les règles, selon la juste mesure de l'équité & des Loix ; car pour bien gouverner, il faut des talens, de la valeur, & de la vigilance. Un homme sans expérience, un Sauvage peut faire éclater ses passions brutales, suivre ses fantaisies ridicules, & se livrer à sa volonté bourrue. Mettre tout sans dessus dessous, faire du mal & du désordre pour satisfaire à des appetits déréglées, c'est la chose la plus aisée du monde. C'est ce dont le frénetique *Caligula* étoit capable, de même que l'infame *Heliogabale* & *Richard II*, ou *Jean* Rois d'Angleterre. Un furieux, ou un insensé peut être un habile Tyran, & c'est à quoi les furieux & les insensés aspirent le plus. *La Bruyère* dit „ qu'il ne faut ni Art ni „ Science pour exercer la Tyrannie ; & „ la Politique qui ne consiste qu'à répan- „ dre le sang est fort bornée, & de nul

» rafinement ; elle inspire de tuer ceux
» dont la vie est un obstacle à notre am-
» bition , un homme né cruel fait cela
» sans peine. C'est la maniére la plus hor-
» rible , & la plus grossiére de se mainte-
» nir ou de s'aggrandir ». Il est certain
qu'un esprit de travers , & un mauvais
cœur avec la figure humaine semblent
être les principales qualités pour faire un
Tyran.

Un pouvoir limité est généralement
suivi d'une oppression illimitée, & comme on abuse de toute autorité dont on
peut abuser, il n'y a qu'un insensé, qu'un
méchant homme ou un benêt qui souhaite une autorité despotique : il n'en peut
recueillir d'autre fruit que le crime & la
haine publique, & ses Sujets autre chose
que la misère & le pillage de leurs biens.
Quelle autre marque peut-on avoir d'une
ame basse ; quel plus détestable caractère,
& plus opposé aux fonctions & au devoir
d'un Pere du Peuple, que de considérer
les Sujets comme une possession & non
comme un dépôt ? Comme si des millions d'hommes avoient été créés pour la
grandeur de l'un d'entre eux, souvent le
pire, un Tyran étant sans doute la pire
de toutes les créatures qui sont sous sa

domination ; quelque méchantes que soient les autres qui doivent être aussi méchantes que misérables. La seule haleine de la Tyrannie flétrit tout, détruit ce qu'il y a de meilleur, & la vertu non plus que la félicité ne sauroient subsister devant elle ou à portée de ses atteintes. C'est la maxime des méchans Princes de rendre leurs Sujets mauvais, car pour porter des chaines, ils doivent avoir l'ame abjecte & les vices des Esclaves, ils doivent être sordides, ignorans, débauchés, dénués de tout amour du bien public, dépouillés de toute humanité & de tout sentiment d'honneur.

SECTION III.

Combien est aimable le caractère d'un bon Prince qui gouverne selon la justice & les Loix ; qui aime, & qui soulage ses Sujets.

Henri IV, Roi de France, disoit souvent ,, que pour régner ,, comme il faut il n'est pas à propos ,, de faire tout ce qu'on peut ,,. C'est une maxime digne du bon sens, & de la magnanimité de ce bon Prince. Il faisoit ce qu'il disoit. Il écoutoit toujours avec beaucoup de patience les remontrances de ses Sujets & des Parlemens ; il n'avoit point la mauvaise honte de changer de sentiment, & de céder quelques points de ses prérogatives ; ils n'aimoit point à entendre les flatteurs exalter son autorité, ou montrer trop d'attachement pour les Priviléges de la Royauté ; il avoit du dégoût pour les louanges de ceux qui n'en méritoient aucune ; ne souffroit point que les Provinces fussent foulées pour enrichir des Particuliers, il reconnoissoit qu'il ne différoit en rien de ses Sujets, n'ayant que deux yeux & deux pieds non plus qu'eux. Il dit à une Assemblée de la Noblesse de Normandie à Rouen, qu'il les avoit appellés non pour leur imposer une obéissance aveugle à ses volontés & à son bon plaisir, mais pour recevoir leurs avis, pour y mettre sa confiance & les suivre. Voilà le langage d'un homme plein de sens & d'honneur : il prit justement le contrepied de ce qu'un insensé ou un petit esprit auroit fait. Un Prince qui étoit son contemporain auroit dit vraisemblablement dans une pareille Assemblée : ″ Que les affaires d'Etat ″ étoient au-dessus de leur portée, (il ″ auroit cité du Latin pour le prouver) ″ qu'ils devoient prendre garde de ne pas ″ usurper ses prérogatives, qu'il n'avoit ″ que faire de leurs avis & qu'il étoit un ″ sage Roi ″.

On n'entendit que rarement le Monarque François parler de ce mot de prérogative. Il la consideroit comme lui ayant été donnée pour le but que tous les Princes devroient ne pas ignorer, savoir pour l'amour de ses Sujets :

de même que ses revenus lui étoient donnés pour la défense de son Etat, & non pour les dissiper follement dans le faste & dans les voluptés : ce qu'on faisoit des revenus de quelques autres Couronnes en ce tems là. Une prérogative qui tend à l'oppression est un monstre de contradiction ; on en peut dire autant des revenus qui tendent au même but ; & jamais un bon Prince ne s'avise de penser que ce que ses Sujets sont dans l'impuissance de payer lui soit dû. *Henri IV* avoit de l'horreur pour les excès & les usurpations de l'autorité Royale : il supprima plusieurs maltôtes que la tyrannie du règne précedent avoit exigées. Dans une de ses Déclarations il abandonna à ses Sujets tous les arrérages dûs à la Couronne, & auroit souhaité que ses propres revenus eussent pu suffire : auquel cas il n'auroit rien pris de la bourse de ses Sujets. Le divin *Marc Aurele* remit quarante six ans d'arrérages de ce qui étoit dû au Thrésor impérial ou au Public, car ils étoient distincts. Il déclara ” que les richesses publiques ” appartenoient au Sénat & au Peu- ” ple ; qu'il ne possedoit lui, rien en

» propre ; & que tout leur appartenoit
» jufqu'au Palais qu'il habitoit ».

C'étoit là un ftile, & des Conceffions d'un véritable Roi Pere de fon Peuple, deux caractères qui devroient être infépa-rables, & qui ne le font que trop rare-ment. Ce n'étoient point là de belles pa-roles & des grimaces de politique. *Marc Aurele*, & *Henri IV* n'avoient pas befoin de fe contrefaire. Les grandes ames font toujours fincères. Ils prenoient plaifir à voir leurs Peuples heureux, & s'appliquoient à les rendre tels. Dans ce deffein *Henri IV* diminua de bon cœur fon revenu, fon autorité ; & reftrai-gnit fes prérogatives lorfqu'elles heur-toient les intérêts, & le bonheur de fes Sujets. Il étoit au-deffus des ombrages, & des fupercheries qui font le partage des petits efprits. Ne faifant du mal à perfonne il ne craignoit perfonne, & fa grande ame n'étoit jamais tourmentée par les jaloufies ordinairement attachées au pouvoir Souverain. Il ne connoiffoit d'autre vûe en s'élevant au-deffus des au-tres que de faire du bien à tous, & lorf-qu'il fe trouvoit trop haut pour fou-lager ceux qui étoient au deffous de lui, il ne craignoit pas de defcendre, fe confiant dans la droiture de ses intentions & de sa conduite autant qu'à l'etenduë de son pouvoir. Il n'ignoroit pas qu'un orgueil présomptueux, & des prérogatives qu'on fait valoir sans nécessité, sont des moyens mal propres à gagner l'affection & l'estime ; & que la condescendance d'un Prince loin de faire tort à son autorité, sert au contraire à l'augmenter. Il vivoit avec ses Sujets comme un pere avec ses enfans ; ce qu'on a dit aussi de *Trajan*, Prince qui à l'égard de ses qualités estimables ressembloit à *Henri IV*. Quel dommage que leurs pareils, amis & protecteurs du Genre-humain, soient sujets à la mort !

SECTION

SECTION IV.

Tour d'esprit méprisable, & infamie des Princes qui se croyent au-dessus des Loix, & indépendans de leurs Sujets.

SI le vieux *Caton* avoit connu les deux Princes dont nous venons de parler, il n'auroit pas donné comme il fit, une définition aussi injurieuse des Rois : ,, Que c'étoient tous des bêtes ra-,, vissantes. ,, Témoignage qu'il pouvoit rendre à ceux qu'il connoissoit tyrans de l'Orient, oppresseurs, & bourreaux de leurs Sujets. Il est certain que la suprême puissance est une chose brutale, & odieuse, quand elle n'est pas temperée par la Raison & par les Loix ; quand elle n'est pas employée à l'avantage de la Société. Ceux qui en sont revêtus, & qui n'en font point cet usage, sont pires que des animaux de proie, plus destructeurs encore & plus dignes de détestation.

Edouard III a été un des plus grands & des plus braves Rois qui ayent régné en Angleterre. Il reçut plusieurs Requêtes présentées par ses Parlemens, & les accorda toutes. Cela le fit régner glorieusement, & laisser un grand nom. Deux de nos Rois les plus foibles & les plus indignes, qu'on eût vu au moins jusqu'alors, furent *Edouard* II, & *Richard* II, ceux-ci eurent un grand zèle pour leurs prérogatives, c'est-à-dire pour le privilége d'être mal faisans sans contradiction. Ils rejettoient toutes ces sortes de Requêtes : de là vint leur malheureux règne, leur fin déplorable, & l'infamie de leur nom. Ils étoient du nombre de ces infortunés qui opposent leur folie & leurs appétits brutaux, à leurs devoirs & à ce qu'ils doivent à la Société. Le sens droit & la grandeur d'ame se trouvent toujours ensemble, & la justice est inséparable de tous les deux. La sagesse d'*Edouard* III égaloit sa grandeur d'ame; il étoit aussi juste qu'il étoit brave. Il faisoit sa principale étude du bonheur de ses Sujets, il vouloit partager sa grandeur avec la Nation & recevoir les conseils de ses Députés : ,, Il eut l'honneur, dit Selden, ,, d'être le restaurateur des ravages que ,, son pere avoit faits ; c'étoit un Prince

» que l'on croiroit n'avoir été que rare-
» ment dans son Royaume, par son Hi-
» stoire, & que ses Loix font croire n'en
» être sorti que rarement. »

Louis XIII Roi de France aimoit l'autorité Souveraine autant qu'il étoit incapable de l'exercer : en voici un exemple : Le peuple de Toulouse lui présenta des placets unanimes & fort pressans, pour lui demander la grace du Duc de *Montmorenci* condamné à mort. » Il répondit que s'il se conduisoit se-
» lon les désirs de son peuple il n'agi-
» roit pas en Roi. » Je doute si son fils eût pu donner une meilleure réponse, Prince que l'on a tant flatté sur l'Art de régner : en cas que son Gouvernement mérite un tel nom. Quelles étranges & superbes idées ont dû maîtriser le foible cerveau de ce Prince, qu'un Roi doive agir pour lui-même contre son peuple ! la chose n'est souvent que trop vraie : mais qu'on me dise ce que le peuple feroit pour lui-même en pareille occasion, je ne dis pas le peuple de Toulouse dans cette conjoncture, mais une Nation entière qui voit dans la manière de gouverner du Souverain qu'il ne songe qu'à lui-

X ij

même sans songer à ses Sujets qu'il considere comme une chose qui lui appartient en propre. Ceux qui ont un pouvoir injuste, mal acquis, ou excessif, sont toujours jaloux & ombrageux : ils craignent ceux qu'ils ne devroient pas craindre, & tâchent d'opprimer ou de détruire ceux qu'ils craignent. C'est la nature, & le cours de la tyrannie : *Cuncta ferit dum cuncta timet.* On trouve dans la derniere Histoire du Docteur *Burnet* une déclaration étrange & choquante de *Charles* II au sujet du Duc de *Lauderdale*: ce Duc, disoit le Roi, avoit à la vérité fait beaucoup de choses condamnables & pernicieuses contre les Peuples d'Ecosse. ,, Mais je ne vois pas ,, ajoutoit-il, qu'il ait rien fait contre ,, mes intérêts. ,, C'est un discours sur lequel je ne fais nulle réfléxion ; mon esprit ne m'en fournit point qui puisse en faire sentir toute l'horreur.

Pour revenir à *Louis* XIII, outre l'infamie, & l'injustice criante de ce Prince qui faisoit gémir son Royaume sous le poids impitoyable des prérogatives mises en œuvre pour violer les droits des Peuples, leur liberté & les Loix : tout le nouveau pouvoir que le

Prince avoit usurpé étoit possédé par son Ministre : c'étoit le Cardinal qui tenoit ce Sceptre de fer : il en abusoit jusqu'à le faire craindre de son Maître & à le couvrir d'ignominie. Ce Monarque qui se mettoit au-dessus des Loix, qui fouloit aux pieds les remontrances de ses Parlemens, ne fit en cela autre chose que mettre le Cardinal au-dessus de lui ; c'étoit de sa foiblesse pour ne rien dire de pis, que son Ministre tiroit son autorité excessive. De là en avant ce Monarque ne put ni n'osa se servir de ses yeux ou de ses oreilles que par la permission cette Eminence.

SECTION V.

Les Princes qui aspirent au pouvoir arbitraire, ou qui l'ont acquis, l'exercent rarement eux-mêmes. Leurs Ministres, & leurs Créatures gouvernent tout en général.

C'EST une chose étonnante que cette soif ardente, cet appetit insatiable qu'ont les Princes pour un pouvoir illimité qu'ils exercent pourtant rarement eux-mêmes : ils le laissent entre les mains de leurs Favoris, ou de leurs Maîtresses. Ce qu'ils gagnent à mettre dans les chaines tous leurs Sujets, est de tomber dans l'esclavage de ceux d'entre eux qui valent le moins. *Louis* XIII Prince d'une fort petite capacité, mais fort opiniâtre; homme qui n'avoit point de connoissances ou qui les avoit fort bornées, voulut se rendre le distributeur universel de la Justice, l'Oracle des Loix; & ses passions inspirées ou conduites par le Cardinal devoient être la règle de la vie & de la fortune de la Nation entière. Le Cardinal qui se servoit du Roi comme d'un instrument, étoit dans le fond le Souverain de la France, comme tous les François le ressentoient, & toute l'Europe le voyoit. C'étoit à la vérité un homme extraordinaire, un puissant génie : mais ayant foulé aux pieds les Loix, & les franchises de sa Patrie, le mieux qu'on en puisse dire est que c'étoit un habile destructeur. Celui qui ne consulte que sa fantaisie pour gouverner, le fait d'une maniére pernicieuse, quelle que soit d'ailleurs son habileté.

Le despotisme, la folie, & la cruauté de l'Empereur Claude furent toujours gouvernés par ses Affranchis ou par ses femmes. Il n'avoit de discernement, ou de passion qu'autant qu'ils lui en inspiroient. Il n'étoit point particulier à *Claude* d'avoir de tels guides, la plupart des *Césars* furent sujets à la direction suprême de quelque Favori méprisable qui ne craignoit aucune censure. Ces Empereurs si superbes qui ne vouloient voir nulles bornes à leur autorité, n'en exerçoient réellement aucune : se réservant à eux le nom & l'injustice du pouvoir Souverain, ils en laissoient l'administration, & l'abus à leurs plus vils Domestiques, à la lie du Genre humain.

Le Grand-Turc qui s'attribue, & qui exerce un pouvoir sans limites sur la vie de ses Sujets, qui prétend avoir un droit sur la fortune & les biens de tous; qui est propriétaire de chaque arpent de terre de ses vastes Etats, ne tire de cette Souveraineté énorme, & fastueuse qu'un grand nom, & un grand péril. Il se montre peu, ne fait presque rien de son chef & s'avise rarement de prendre connoissance de ce qui se fait. En donnant son sceau au premier Visir, il lui abandonne la disposition entière de cet Empire immense; la direction absolue de son autorité illimitée. Les prérogatives d'Etat qu'il exerce personnellement, ne concernent point l'Etat, ou du moins ne lui sont d'aucun avantage: il se divertit à voir les tours & les grimaces de ses muets, & de ses bouffons; il passe son tems avec ses femmes, ses bardaches, ses chiens & ses chasseurs.

C'est de cette manière que ce Prince s'acquitte des devoirs d'un Souverain; c'est ainsi qu'il protege, & qu'il veille sur tant de Nations. Sont-ce là les marques d'une autorité Divine, d'un pouvoir qu'on tient immédiatement de Dieu, pouvoir sacré & irrésistible comme les Docteurs Mahométans l'enseignent ? Trouve-t-on les caractéres de la Divinité à négliger, ou à abuser du Gouvernement, de même qu'à s'en acquitter comme il faut ? Si celui qui remplit les fonctions est la personne que Dieu a nommée, comme je crois que cela se devroit, ce n'est point le Grand-Seigneur, mais le Grand-Visir. Je ne comprends pas comment les Théologiens Turcs raisonnent sur cet article. Je ne fais point de doute que leurs Casuistes ne soient pourvus d'une quantité suffisante de distinctions pour appuyer les louanges qu'ils ont quelquefois données au déthronement, ou au massacre de leur Monarque quelque sacré & irrésistible qu'il soit selon leurs principes. Telle est la force magique, qui se trouve dans les prudentes subtilités de la Théologie de ces habiles Docteurs ; telle est l'influence qu'ils ont sur la destinée de leurs Princes qu'ils soutiennent sur le Throne, ou qu'ils en font tomber à leur fantaisie.

Un Prédicateur Mahométan eut la hardiesse de dire en face à l'Empereur, qu'au lieu de défendre Bude, alors assiégée, il s'amusoit à chasser tous les jours. La censure eut un tel effet qu'après le Sermon, Sa Hautesse ordonna qu'on noyât neuf cens de ses chiens de chasse. Voila l'effet d'un bon Sermon sur l'esprit d'un Prince, quand il se trouve un honnête homme qui a la hardiesse d'en prononcer qui tendent à la vérité & à la réformation, non pas à la flatterie & aux bénéfices.

Thamas Roi de Perse se confina dans son Serrail ; noyé dans la volupté pendant dix ans, il laissa son autorité à la disposition de ses Domestiques qui en abusérent pendant tout ce tems-là, pour opprimer, & dévorer les Sujets. C'étoient donc eux qui étoient les Souverains, qui gouvernoient, tandis que *Thamas* étoit revêtu du titre d'Empereur. C'est de cette maniére que sont gouvernées toutes les grandes Monarchies de l'Orient. Les Monarques n'y font rien & leurs Ministres font du mal : ces hommes qui représentent la Divinité sont représentés eux-mêmes par une femme, ou par un bardache, mais toujours par un esclave.

Ceux de nos Rois d'Angleterre les plus

avides du pouvoir absolu, comme les Princes l'ont toujours été, n'ont jamais exercé cette autorité violente dont ils s'étoient saisis : ils livroient leurs Sujets, leurs Etats & leur personne à leurs Créatures, à des Favoris. Lorsque celui qui règnoit étoit un *Henri*, un *Edouard*, ou un *Richard*, un *Jean* ou un *Jaques*, c'étoit encore un *Pierce Gaveston*, un *Hugues Spencer*, un *Mountford*, un *Brember*, un *Carr*, ou un *Peters* qui brouilloient tout & qui opprimoient les Sujets. Le Roi ne faisoit que prêter son nom & son autorité ; ajoutez à cela que souvent il approuvoit aveuglément ce qu'ils avoient fait sans savoir ni comment ni pourquoi.

SECTION VI.

La fantaisie arbitraire des Favoris devient souvent la Loi unique d'un Prince arbitraire & tyrannique. Combien les Favoris sont portés à abuser de son autorité & enfin à l'abandonner.

LE caprice, la passion, ou le mauvais conseil d'un Favori régnant passeront toujours auprès d'un Prince foible pour les règles suprêmes de l'équité & des Loix. Un Prince qui n'est point réglé par les Loix doit devenir probablement mauvais, & est tel sans doute lors qu'il rejette les Loix; un Ministre de même qui agit sans craindre la censure ou les recherches de son Maître ne deviendra pas selon les apparences modeste & vertueux : il se rendra impérieux & insupportable, si le Prince devient crédule & indolent. Il est rare qu'on résiste à une tentation pareille, ou qu'on laisse échapper une occasion aussi favorable. Ce fut-là le cas & l'infortune de *Galba*, car dit *Tacite*, sa foiblesse & son indulgence étoient si grandes qu'elles excitoient & fortifioient l'avarice de ses amis déja avides & insatiables à proportion de la grandeur de sa fortune. Ils voyoient que sous un Prince foible & crédule, ils avoient moins à craindre de leurs injustices, & que leurs richesses grossissoient de plus en plus. Pline dit que ç'a été toujours un signe certain & manifeste que le Prince est impuissant & méprisable quand ses Domestiques ont beaucoup de pouvoir & d'autorité: *Præcipuum indicium non magni principis, magnos libertos.*

Richard II abandonna si fort le Gouvernement à ses Favoris, qu'on disoit d'eux ,, qu'ils avoient pris le Royaume ,, à ferme. ,, Ils accordoient des Patentes, ils faisoient des proclamations, levoient de l'argent, dépouilloient les Sujets ; le tout sans la connoissance du Prince, ou sans daigner demander une seule fois son consentement. Ils n'avoient d'autre raison pour le mettre au dessus des Loix que celle de s'y mettre eux-mêmes. C'est pour cela qu'ils firent publier une déclaration dans la Ville de Londres, portant ,, que personne n'eût

» à proférer quoi que ce fût contre eux » fur peine de confiscation de fes biens. » Ils firent plus, ils obligerent ce Prince foible de leur promettre par ferment, non feulement » qu'il fe gouverneroit » uniquement par leurs confeils, mais » qu'il les foutiendroit, les défendroit, » & qu'ils vivroient & mourroient avec » lui. » Il ne faut pas s'étonner après cela, qu'ils ne puffent fouffrir qu'aucun Seigneur du Royaume, ou des meilleurs Sujets du Roi, s'avisât de lui donner des avis, ou l'inftruisît de quoi que ce fût ; qu'il l'abordât même fi ce n'eft en leur préfence. *Brember* un des Favoris fit pendre vingt-deux hommes en une feule nuit fans forme ni figure de procès. Il avoit marqué les noms de fix ou fept mille Citoyens qui lui faifoient ombrage & qu'il vouloit exterminer à une feule fois : il avoit deftiné à cela un coutelas que la Providence fit fervir à lui féparer la tête du corps.

A l'égard de ces efprits bas & ferviles des Cours qui en tems de paix, & de corruption font les rodomonts, & gouvernent tout, d'une maniére infolente & dédaigneufe, qui conduifent de petites intrigues avec beaucoup de ruse & de suffisance, emploient le mensonge & la fausseté, font un trafic ds emplois, & ont soin d'écarter les gens d'honneur, de capacité & de mérite, c'est une chose digne d'être remarquée que la misérable figure qu'ils font dans un tems de péril & d'allarme, confondus, frappés d'horreur, disposés à changer de parti, à la veille d'abandonner leurs anciens amis, & leurs protecteurs ; prêts à se soumettre bassement à ceux qu'ils ont auparavant trompés, insultés & opprimés, & à devenir les humbles esclaves de leurs ennemis déclarés.

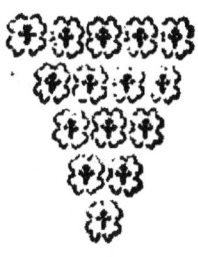

SECTION VII.

Les Princes responsables des oppressions qui se commettent sous leur nom. Leurs Ministres sont en général du caractère du Maître, bons ou mauvais. Une autorité limitée est plus assurée pour les Princes & pour les Ministres. Les meilleurs Ministres exposés au blâme, & aux murmures.

LE Prince qui permet l'oppression & la cruauté est cruel & tyran lui-même, quoi qu'il n'en sache rien; car il devroit ne pas l'ignorer, s'en informer, prévenir le mal ou le punir. Pourquoi est-il Prince, quel est donc son devoir, si ce n'est de veiller pour le bien public? Personne n'a pu raisonner autrement, sinon les flatteurs & les Favoris qui espérent de gagner à séduire les Princes & à les corrompre. Ce que les Princes ne peuvent faire par eux-mêmes ils devroient le faire bien exécuter par autrui, réformer ce qui est mal, prendre soin qu'on ne retombe plus dans la même me faute, & que l'on fasse des exemples publics des criminels convaincus. Un Prince devient autant mauvais par sa paresse que par ses actions; on lui a confié un grand dépôt, le plus grand de la Terre, d'où dépend le bonheur ou le malheur des Nations entiéres : de sorte que celui qui en fait un mauvais usage, est mal propre pour cet emploi & en étoit indigne.

On doit avouer qu'un Ministére composé de gens de bien & habiles dédommage les Peuples de l'indolence, ou de l'incapacité du Prince ; mais combien peu arrive-t-il qu'il fasse un si digne choix ? Les Ministres en général deviennent tels que leur Maître, vicieux ou foibles, & ils autorisent leurs injustices par l'extravagance du Prince. Le choix qu'il fait n'est déterminé ni par leurs talens pour le Gouvernement, à quoi peut-être il n'entend rien lui-même, à quoi il ne prend nul intérêt, mais par inclination, par fantaisie, par passion, pour quelque qualité particuliére, ou parce que ceux qu'on préfére excellent en certaines bagatelles pour lesquelles le Prince a du goût. Ils sont goguenards, par exemple, font bien la barbe, procurent des Maîtresses, ou le deviennent eux-mêmes; sont bons musiciens, dévots reconnus, ou grands bûveurs : c'est uniquement pour ces talens que des Moines, des femmes, des Barbiers, des Bouffons, & des Baladins ont été mis au timon de l'Etat.

Ceux qui font tout ce qu'ils veulent font rarement tout ce qu'ils doivent, & ceux qui peuvent faire du mal impunément s'y portent d'une maniére effrénée. On n'a de défense & de barriére contre le mal que les châtimens & la crainte du mal. On doit ainsi moins craindre que les hommes fassent des crimes quand ils ne l'osent pas. De cette maniére l'autorité des gens en place devroit être limitée, & l'on devroit prendre des précautions contre les déreglemens des Rois autant que contre ceux des Sujets. Les Rois devroient le souhaiter eux-mêmes, c'est leur règle la plus sûre de même que la plus honorable & la plus utile. La raison en est que le Peuple mis à couvert par les Loix n'est point harassé, & le Prince jouit ainsi d'une domination assurée; plus les Sujets sont libres, plus ils sont disposés à servir le Prince, & à le faire de bon cœur; & plus ils sont riches, plus ils font en état de lui faire part de leurs biens.

Difons auffi qu'un Prince qui eft reftreint & guidé par les Loix ne fauroit être long-tems fervi par des gens indignes, ou qui ne fuivent que leur fantaifie. Ce doivent être des gens de bon fens & de réputation : fans cela il le perdront, & fe perdront même avec lui. Parmi une Nation gouvernée par des Loix fixes, tous les Sujets peuvent voir, & reffentir même fi l'on viole les Loix, & leurs droits, s'ils font opprimés malgré les Loix, ou s'ils en font protégés. La Majefté du Gouvernement doit être foutenue, la bienféance & la gravité confervées de même que la régularité dans le cours des affaires. Le Public doit être traité avec amour, & les Particuliers civilement, fans quoi la Couronne tombe dans le mépris, dans la foibleffe, & dans le malheur, les Sujets dans le mécontentement & dans la fureur, & toutes chofes dans la confufion. Les Favoris & leurs Créatures peuvent avoir, & auront apparemment toujours quelque influence fecrete fur le Gouvernement, quelquefois affez pour faire tort au Miniftre, & le jetter dans l'embarras ; lui faire porter le blâme pour les mauvais pas qu'ils font en dépit de lui. *Damnatus culpa quam alii deliquerant*. Mais celui qui a la conduite des affaires publiques doit avoir des talens; être homme d'affaires, de suffisance, de réputation, & de crédit.

Avec tous ces avantages il doit s'attendre à être souvent persécuté, & reconnoître que ce n'est pas peu faire que de résister. Il sera souvent regardé comme coupable dans les choses où il est le plus innocent. Il doit être sûr qu'il desobligera certaines gens lors qu'il fera plaisir à d'autres: plusieurs se croiront aussi dignes que lui d'occuper son poste, & tâcheront de l'en débusquer pour se mettre à sa place. Ils seront portés à lui attribuer des crimes à tout hazard; & le haïront apparemment assez pour souhaiter qu'il soit criminel, ou pour le croire tel, plusieurs tâcheront de fortifier ces imputations: les uns par un ressentiment personnel, les autres en plus grand nombre par une malignité naturelle; le plus grand nombre par imprudence. La multitude aime le changement: quelques-uns y trouvent leur avantage, & plusieurs souhaitent de l'y trouver. Il arrivera même que ses grandes qualités & sa réputation lui feront des ennemis & l'exposeront à la persécution. *Causa periculi non crimen ullum sed gloria viri.* Peu de Ministres peut-être, ont servi un Prince avec plus de fidélité & de suffisance que *Rony* servit *Henri* I V, & avec plus d'égards pour l'interêt public. Cependant le crédit qu'il avoit auprès du Roi quoi que fondé sur son mérite ; & deux ou trois beaux emplois qu'il possédoit à aussi juste titre, furent un prétexte continuel de mécontentement & servirent même de fondement à diverses conspirations. Dans les affaires de grande conséquence & qui regardent le Public, il est bien difficile de plaire à tout le monde.

SECTION VIII.

Avantages que retirent les Princes & les Ministres des Loix en vigueur, expliqués plus au long. Egards que les Princes devroient avoir pour le nom qu'ils laisseront après eux, combien ils doivent craindre l'infamie.

IL n'en est pas d'un Pays libre comme de celui qui est dans l'esclavage où tout le monde semble approuver tout ce qui plaît au Prince, où les Sujets rendent un respect & une soumission aveugles à tous ceux à qui le Prince accorde de l'autorité, ou des faveurs souvent sans discernement. Dans un Pays où règnent la Liberté & les Loix, tous les Sujets prétendent avoir un droit de juger & de censurer par eux-mêmes; droit dont ils abusent souvent, & en font une mauvaise application, mais qu'ils ne doivent jamais perdre. C'est un moindre mal que tout le monde dise ce qui lui plaît que si un seul fait tout ce qu'il veut.

On peut dire même qu'un Ministre malgré ces inconvéniens, quelque sujet qu'il soit aux plaintes & à une injuste censure, jouit de plus de tranquillité & de bonheur que lors qu'il est au service d'un Prince qui ne suit point de Loi, dont la fureur est ordinairement plus soudaine que les bonnes graces, qui ne met jamais personne en justice, mais qui fait périr les gens sans accusation; au-lieu que quand les Loix gouvernent, les Ministres essuient de fréquentes accusations, mais rarement du préjudice : les plus mauvais ne se tirent d'affaire que trop souvent, ce qui n'arrive jamais même aux bons sous le règne d'un Tyran.

Les Loix sont pour les Princes mêmes, les meilleurs Guides & la meilleure Garde qu'ils puissent avoir. La plupart des gens sont portés à les flatter, & peu à leur dire la vérité. Qu'ils ayent recours pour s'instruire aux Loix, Conseillers qui ne sauroient ni les flatter ni les tromper, comme les Favoris & les Armées en sont capables. Les imposteurs disent aux Princes qu'ils ” peuvent faire ce ” qu'ils veulent ” & ils savent appuyer

ce mensonge horrible par un autre également impie qui est que „ c'est l'ordre
„ de Dieu. „ Les Loix lui diront que tout
„ ce qu'il fait doit être pour le bien des
„ Peuples, qu'il n'a aucun droit de leur
„ faire du mal, qu'il n'a de pouvoir que
„ ce qui lui en a été donné, limité par
„ des réglemens composés par la sagesse
„ des hommes pour leur sureté & la sien-
„ ne ; que c'est pour leur tranquillité &
„ non pas pour son indolence ou son
„ orgueil qu'il est établi au-dessus d'eux.
„ S'il rompt ses liens, s'il viole le dé-
„ pôt qui lui a été confié, il se rend
„ l'ennemi de Dieu & des hommes, dont
„ il ne doit plus attendre de faveur
„ parce que devant Dieu pere com-
„ mun des hommes, & qui ne fait ac-
„ ception de personne, nul n'est ni
„ haut ni bas qu'à proportion de sa
„ sainteté ou de son impiété ; & ce-
„ lui qui fait tort aux hommes & qui
„ les trahit est manifestement le pire de
„ tous. „

Qu'un Prince juge lui-même qui peut l'instruire le mieux, ou le flatteur peste de Cour, ou les Loix, (les flatteurs même les plus vils sont tous ceux qui

qui difent à un Prince qu'il peut renverfer les Loix.) Que le Prince juge de ce qui peut le conduire avec plus de vraifemblance à la juftice, & lui procurer l'amour du Public, qui lui peut acquérir plus d'honneur & de réputation, plus de tranquilité pendant fa vie, & plus de louanges après la mort : qu'il décide en lui-même s'il aime mieux être un *Neron* gouverné par fes parafites, & fes convoitifes ; détefté comme un Tyran, condamné à être l'horreur du Genre humain dans tous les fiécles, ou un *Titus* qui faifant de la juftice & des Loix les fondemens de fon adminiftration, fut appellé les délices du Genre humain pendant fon règne ; & a été jugé digne de conferver cet aimable titre pendant tous les fiécles qui fe font écoulés depuis. Le nom d'un Prince eft couvert de gloire ou d'ignominie à proportion de l'excellence ou de la méchanceté de fon règne.

Quoi de plus délicieux pour un Prince que d'être affuré qu'il fera adoré après fa mort ? Quoi de plus choquant que de prévoir que fa perfonne fera abhorré ou que fa mémoire tombera dans le mépris ? C'est dans la mémoire des hommes qu'il doit songer à élever le monument le plus durable de sa gloire ; heureux s'il peut le faire aussi dans leur affection : *mihi in animis vestris templa ; hæ pulcherrimæ effigies & mansura*. Ce sont-là les inscriptions, les caractéres qui ne sauroient être effacés, panégyriques qui ne sauroient mentir, honneurs qui ne périssent point, au-dessus du pouvoir du tems, de la mort & de la malignité : *In quos nihil flammis, nihil senectuti, nihil Successoribus liceat*. Honneurs enfin tels que *Pline* les promit à *Trajan*: dont cet Empereur jouit encore, & en jouira à jamais.

SECTION IX.

Les Princes indolens ne parviennent que rarement à acquérir de l'habileté. Combien il leur importe de s'appliquer aux affaires pour leur propre avantage & pour celui de leur administration.

LEs Princes qui ont de l'aversion pour les affaires ou que l'on en tient éloignés, outre qu'ils sont sujets à être trompés, parviennent rarement à une grande capacité, quelques dons naturels qu'ils ayent. C'est en exerçant sans cesse son intelligence qu'on lui donne de l'étendue. Un homme laborieux avec des talens médiocres, se rend supérieur à celui qui en a de plus grands qu'il ne met jamais en œuvre. L'attention aux besoins & aux affaires de la vie fournit à l'esprit des idées & des réfléxions ; le fortifie contre les bevûes & les surprises ; l'accoutume à juger & à décider. Un esprit sans instruction & sans expérience trouve de grandes difficultés aux plus petites affaires ; & les moindres difficultés le découragent. Un homme versé aux affaires est rarement étonné ou embarrassé ; il trouve sans peine des expédients à chaque conjoncture parce qu'il s'est accoutumé aux accidens imprévus, & à y pourvoir. Le plus petit Clerc, & le plus petit Legiste peuvent se jouer d'un nouveau venu d'un Collége ou d'un Cloître, où il se peut qu'il aura fait une figure raisonnable. Un homme sans esprit même peut se bien acquitter des affaires qui demandent uniquement de la méthode & de la pratique, & les expédier dans des cas où un homme qui n'y est pas fait se trouveroit bien embarrassé. J'ai vû un homme d'une capacité fort bornée, mais instruit dans les affaires, l'emporter hautement sur un autre qui avoit des talens extraordinaires mais sans expérience. Les gens naturellement bornés peuvent acquérir des talens par le travail, tandis que d'autres qui ont un grand génie ne s'appliquant à rien ne sont aussi bons à rien.

La fonction de Souverain est la plus importante de la terre : celui qui en est revêtu doit avoir un grand soin d'acquérir les qualités requises pour s'en rendre digne. Il doit s'instruire sans cesse, s'exercer avec soin; convaincre tout le monde que celui qui distribue tous les emplois est capable de se bien acquitter de tous, & par conséquent du plus rélevé. Il seroit sans doute bizarre, & hors de saison que l'autorité fût entre les mains d'un homme chargé de l'administrer, & qui n'en étant pas capable en laisseroit le maniement à d'autres. C'étoit-là le caractére de plusieurs des *Césars* ignorans dans les affaires du Gouvernement, & très-stylés à la tyrannie. De cette maniére Pline avoit grande raison de dire qu'il paroissoit infame, que celui-là conférât les Dignités qui n'en méritoit aucune.

C'est un malheur même dans un pays où les Loix sont en force d'avoir un Prince foible ou indolent, ce qui revient au même. La raison en est que l'administration d'un Prince indolent est foible, & lorsqu'il fait trop peu par lui-même, ceux qui travaillent sous lui sont sujets, à en faire trop. A la vérité sous un Gouvernement que les Loix limitent, cette foiblesse ou cette inapplication dans un Prince peut porter un moindre préjudice; & l'on ne peut alléguer sa volonté ou sa folie comme sous les Gouvernemens arbitraires pour autoriser ou couvrir des malversations criminelles : parce que si sa volonté ou sa folie sont contraires aux Loix on peut leur opposer les Loix : tous les Sujets y savent jusqu'où s'étend le pouvoir du Prince, & de ceux qui administrent les affaires sous lui. Dans les Monarchies despotiques non seulement la volonté du Prince, sa fureur, ses convoitises sont des Loix auxquelles il n'est pas permis de résister. Il en est de même des cupidités, de la volonté & de la fureur des Officiers du Prince qui allèguent celles de leur Maître; c'est lui qui commande toutes les horreurs qu'ils commettent, & qui oseroit en douter, le démentir, ou aller à la Cour pour s'en informer?

Que l'autorité du Prince soit autant restrainte qu'on voudra, que les Loix qui la limitent, & qui la dirigent soient aussi claires qu'il est possible, il ne laissera pas de trouver abondamment dequoi employer son industrie, à choisir ses Officiers, à veiller sur leur conduite, à bien employer ses revenus, à exécuter les Loix, à recevoir des placets, à écouter avec attention les Traités, à donner audience aux Ambassadeurs, à conserver la dignité & la tranquillité de la Nation ; & même à gouverner sa Famille. Quelle charge plus étendue peut souhaiter un Prince s'il veut s'en acquitter en honneur & en conscience ? Peu de gens en sont capables, & les plus habiles ont besoin d'y donner tous leurs soins.

Henri IV Roi de France avoit une grande intelligence parce qu'il l'avoit exercée. Dès son enfance il fut continuellement à lutter contre les difficultés & à s'appliquer aux affaires à quoi sa situation le réduisoit. Son penchant pour les plaisirs étoit tel que si son Royaume lui fut échu de bonne heure & sans peine, il est certain qu'il n'auroit jamais acquis la même capacité : on l'acquiert comme une autre Science. Il fut réduit à se rendre industrieux, vigilant, curieux, & à faire ainsi des progrès continuels. C'est ainsi qu'il se rendit très-capable de gouverner. *Henri III* son prédécesseur le seroit devenu de même s'il avoit été obligé de bonne heure & pendant une longue suite d'années, à combattre pour se mettre en possession du Throne. Il avoit montré étant encore fort jeune, de quoi il étoit capable. Sa réputation à la

Guerre & l'habileté qu'il avoit fait voir dans le commandement firent concevoir de lui des espérances qui le firent élire Roi de Pologne avant l'âge de vingt ans, mais sa paresse, sa sensualité & la flatterie le rendirent un Roi malheureux, infame, & sanguinaire.

Les Princes qui ne font rien, & qui laissent tout faire aux autres sont dans une perpétuelle minorité : tel étoit *Richard II* Roi d'Angleterre. Un Roi qui n'a de la Souveraineté que le faste de la Couronne se rend digne de mépris ; ce Prince infortuné perdit même cet extérieur ; & un Prince qui n'a pas soin de soutenir sa dignité ne sauroit s'assurer qu'elle ne lui échappera pas. Les gens de bien & ceux qui ont de l'habileté s'éloignent de lui : pour le moins ils n'auront garde de le servir. Les gens intéressés, faux, & pernicieux feront la foule autour du Prince, pourront exclure tous les autres; ils auront au moins la plus grande partie de l'autorité, s'ils ne l'ont toute entiére. Il pourra arriver à la fin qu'il n'écoutera des conseils que les pires : *Ita formatis principis auribus ut acerba quæ utilia.*

Malgré toute la prudence humaine,

& toute la vertu qu'un Prince peut faire éclater, il y aura plusieurs abus qui se glisseront dans son administration, tels qu'il ne lui est pas possible de les prévenir, ou d'y remédier entiérement. Mais s'il se laisse aller à la paresse, & à la négligence, le désordre croîtra de plus en plus; la corruption marchera la tête levée; la Vérité, la Vertu, & le Mérite seront regardés de travers, ou bannis, le Vice & l'insolence triompheront, les Loix perdront leur force; le Gouvernement ne se soutiendra point & tombera dans le mépris.

Tel fut le règne de *Henri III* Roi de France; tel fut encore celui de *Richard II* Roi d'Angleterre: ils ne songeoient qu'aux plaisirs, & à la dissipation. Leur Gouvernement à force d'être négligé devint corrompu, impuissant, scandaleux, & à la fin se dissipa. Cependant le premier de ces Princes avoit de l'habileté, il étoit capable des plus grandes choses, & ne manquoit que d'application. Son penchant pour les plaisirs le dégoûta des affaires, & de la fatigue. Les pernicieuses flatteries, & les perpétuelles cajoleries des mignons, & des séducteurs firent qu'il laissa tomber les rênes du Gouvernement entre leurs mains, ne se réservant que le nom de Roi & le péril où il s'exposoit. *Richard II* avoit la même pente pour les plaisirs & se laissoit conduire de même. Ce n'étoit ni un imbécile, ni un lunatique; il ne paroît pas qu'il ait été dépourvu d'un certain bon sens, mais ayant eu peu d'instruction, n'ayant jamais eu ni la permission ni le désir d'en faire usage, il continua à vivre dans l'enfance; simple par habitude, mal-à-visé faute d'industrie & d'expérience; ne s'étant jamais acquitté des fonctions du Gouvernement, il s'en rendit à la fin absolument incapable.

SECTION X.

Les Princes les plus méprisables & les plus méchans ont coutume de se regarder comme les plus sacrés & de prétendre aux attributs de la Divinité.

C'EST une chose digne de remarque que les deux malheureux Princes dont nous venons de parler dans la Section précédente, s'en faisoient étrangement accroire au sujet de leur pouvoir, & de leurs prérogatives. Ils prétendoient même à une autorité presque Divine, & étoient extrêmement jaloux de la Royauté lorsqu'ils n'en exerçoient aucune & qu'ils laissoient leur personne & leur Royaume à la disposition des parasites leurs Maîtres qui abusoient de tous les deux, & qui perdoient tout. C'est le caractére de tous les Princes dignes de mépris d'avoir un orgueil proportionné à leur imprudence; d'être d'autant plus infatués de leur pouvoir qu'ils sont incapables de porter le Sceptre; & de s'attribuer une alliance avec les Dieux, lors qu'ils sont trop méprisables & trop mal-avisés pour être regardés comme des hommes. Les Empereurs Romains, qui se sont le plus signalés par leur cruauté, leur frenésie & leur stupidité, n'ont jamais manqué d'être Dieux ou proches parens des Dieux.

Ceux des Princes Chrétiens qui ont eu en vûe des titres & des priviléges au-dessus de l'humanité auroient bien fait de se souvenir qu'ils ne faisoient que renouveller les prétentions surannées des anciens Tyrans, des Payens; & qu'ils reconnoissoient pour leurs prédécesseurs, des foux, des idiots, & des bêtes feroces les plus détestables que la Terre ait jamais portés. Disons qu'au fond, les Princes n'eussent point imité ces monstres dans cette vanité monstrueuse & profane, s'ils ne leur eussent ressemblé dans leurs autres qualités: les vicieux, les prodigues, les fourbes, les esprits bornés & les débauchés, ceux qui étant incapables de tenir le Sceptre prenoient le parti de mal gouverner; ceux qui reclamoient le Ciel pour justifier ce que les Loix & la conscience condamnent, & alléguoient une commission d'enhaut pour ruiner & détruire toutes les choses d'ici bas. Lorsque l'on concevoit des desseins pleins d'impiété, qu'on poursuivoit des mesures exécrables & ruineuses ; que l'on vio'oit les sermens les plus solemnels, que la Liberté étoit mourante, les Loix renversées, la Tyrannie sur pied ; alors on imaginoit une Lieutenance de Dieu, & l'on alléguoit une impunité Divine pour des actions diaboliques ; on réclamoit un droit du Pere des miséricordes, & des humains, pour exercer la cruauté & l'injustice, pour opprimer & massacrer tout.

Il suffit de rapporter ces visions extravagantes & impies pour les réfuter, & pour mettre dans tout son jour l'ignominie de ceux qui les ont soutenues & encouragées. Tel a été aussi le vil caractére de ces Princes, tels ont été leur régne & leur destinée qui ont justifié la Divinité du reproche de les avoir approuvés.

HUITIÉME DISCOURS,

Continuation du même sujet.

SECTION I.

Exemple du Prince, sa force, lorsqu'il est bon: combien avantageux aux Sujets, & au Prince lui-même.

ON connoit le tour d'esprit d'un Prince par ce qu'il fait: s'il ne fait rien, ce n'est pas lui qui régne ; si ce qu'il fait est mauvais, il vaudroit mieux qu'il ne régnât point. Celui de qui dépend le bonheur de tous est dans une obligation continuelle de pourvoir à ce que nul ne soit misérable, qu'il ne reçoive aucun tort, ou que justice lui soit rendue. L'exemple du Prince influe généralement sur tout, il va plus loin que les exhortations, les préceptes, ou les sermons; on peut même assurer qu'il est plus fort que les Loix, que les amendes, que la crainte des peines; ainsi il lui convient de se montrer sage & vertueux. Quelle gloire pour un Prince quand son imitation fait la gloire de ses Sujets? Quel scandale au contraire quand il leur montre le chemin de la lâcheté & de la débauche? La bonté de sa conduite devroit le disputer à la grandeur de son pouvoir: *Par omnibus, & hoc tantum cæteris major quo melior.* C'est en vain qu'il fera punir le vice s'il est vicieux lui-même: dans l'exécution des Loix justes il se fera regarder comme injuste, s'il ne les observe lui-même. Les rigueurs de la justice n'auront point la meme force, que le support & l'exemple de celui qui tient ou qui doit en tenir la balance.

Dans le Perou durant le Gouvernement des *Incas*, lorsqu'un homme du sang Royal, ou de la première noblesse venoit à enfraindre les Loix, on le punissoit plus sévérement qu'un Sujet d'un rang plus bas: il perdoit tous ses Priviléges, étoit dégradé des honneurs de sa naissance; regardé comme traître & tyran. On trouvoit raisonnable de dégrader ceux qui s'étoient montrés lâches, & de faire un exemple de ceux qui par leur figuré & par leur crédit pouvoient en entraîner d'autres à les imiter. Les mêmes motifs faisoient qu'on punissoit un Juge coupable selon son caractére personnel, & son poste, plutôt que selon la nature de son crime : sur cette idée qu'on ne doit pas souffrir le moindre mal dans un Officier de justice nommé pour déraciner les maux de la Société, & obligé d'observer plus exactement les Loix que ses inférieurs. On disoit des *Incas* qu'ils prenoient un soin si tendre de leurs Sujets qu'ils méritérent d'être appellés plutôt Peres de la Patrie, & tuteurs des pupilles que Rois de leurs Sujets. Les Indiens les appelloient les *amis des pauvres*. C'est ce que chaque Prince devroit être, & se montrer de même au dehors. Sa vie & sa conduite sont une régle continuelle : tous les hommes la voient, la plupart s'y conforment; & selon le train que le Prince prend on voit régner les bonnes mœurs ou la débauche.

Vespasien pendant le peu d'années de son regne, introduisit l'esprit d'œconomie par son exemple, & dans ce peu de tems il arrêta un torrent de profusions qui avoit coulé cent ans auparavant.

Henri

Henri III rendit toute la France débauchée, & Richard II en fit de même de l'Angleterre. La Cour étant la source & le modéle des mœurs & des modes, la corruption y devint bientôt universelle. La Noblesse, la jeune noblesse sur-tout, ayant reconnu le goût du Roi, l'imita dans ses plaisirs ; les simples Gentilshommes suivirent cet exemple ; ensuite les gens du tiers état prirent toutes les maniéres de leurs Supérieurs. Le régne de l'illustre Reine *Elisabeth* & celui de son Successeur montrent assez combien l'exemple d'un Prince vertueux ou voluptueux a de force pour rendre le Peuple libertin ou retenu comme pour lui relever ou abbattre le courage. Les mœurs du Public sont réglées de la maniére la plus assurée par celles de ses Conducteurs, & le reméde le plus sûr contre les desordres des Sujets & la conduite réguliére des Princes : l'exemple seul sans autorité ayant plus de pouvoir que l'autorité sans exemple : *Vita Principis censura est, eaque perpetua — non iam imperio nobis opus est quam exemplo ;* disoit *Pline* à *Trajan* qui fut un véritable modéle pour ses Sujets comme il auroit dû l'être des Princes qui ont régné après lui. *Pline* ajoute que la crainte du châtiment est un guide pour les bonnes mœurs sur lequel on ne sauroit compter sûrement.

On ne peut nier que la Vertu, & les bonnes mœurs ne procurent autant d'avantages personnels au Prince qu'aux Sujets. Ceux qui sont vertueux sont paisibles, & ne s'écartent pas du respect qu'ils doivent à leurs supérieurs. Ce sont les débauchés, les libertins, les vauriens qui ont du penchant à la sédition, qui aiment les changemens dans l'Etat & qui les favorisent. Les petits avantages que le Prince peut recueillir en débauchant son Peuple ne font pas la sureté de son Throne, quoiqu'il puisse en penser. Les Sujets qui ont tourné le dos à la Vertu en peuvent faire autant à leur Roi, & il ne mérite pas un meilleur sort s'il a été le premier à les corrompre. C'est une folie de s'attendre qu'on trouvera dans un Peuple vicieux des Principes de vertu tels que ceux de la fidélité, & de l'attachement envers le Prince. S'il ne reste plus de probité il ne faut plus chercher de l'honneur: quand les Sujets en sont venus au point de vendre ou d'abandonner leurs Libertés, ce qui est le plus haut dégré de la corruption, de quoi peuvent-ils ensuite avoir honte? Le Prince qui leur a enseigné la lâcheté ne sauroit se plaindre raisonnablement s'ils sont lâches à son égard, c'est le résultat de la leçon qu'il leur a donnée.

On rapporte de la Chine que lorsque l'Empereur devient mauvais & licentieux, qu'il néglige son devoir, & l'administration de son Etat, qu'il tombe dans le désordre, & se livre au vice, la face de tout l'Empire change entiérement, & le Peuple auparavant sage & retenu devient libertin, indocile, débauché & séditieux. De sorte que le Prince pour l'amour de lui-même, est obligé d'être tempérant & réglé ; obligé au moins de garder les apparences de l'innocence & de la vertu. Cependant cette Monarchie est la mieux entendue, la plus parfaite qu'on ait jamais vû ; soutenue par des réglemens & des maximes admirables ; le tout établi, fixé & consacré par l'usage & l'approbation de plusieurs siécles. Tous ces réglemens admirables pourtant, toutes ces belles maximes se trouvent insuffisans lorsque l'on manque du bon exemple du Prince pour leur donner de la force. C'est ce qui fait dire aux Chinois que c'est la vertu du

Souverain qui rend les Sujets vertueux, & qu'il est responsable au Ciel des mauvaises mœurs de son Royaume. Ils disent que c'est peu de chose au Prince de punir les crimes ; qu'il devroit par le propre exemple de sa vertu prévenir ceux de ses Sujets.

Disons donc qu'une vie innocente dans un Prince est le meilleur de tous les guides pour ses Sujets & la plus sûre garde de sa personne & de son diadéme. C'est ce que Pline dit à Trajan : *Discimus experimento, fidelissimam custodiam principis, ipsius innocentiam.* Plusieurs des Princes qui l'avoient précédé sans compter leurs pernicieux exemples, avoient forcé le Peuple, & les personnes de toutes les conditions à être débauchés, les réduisant par l'influence & les terreurs de la tyrannie à être sans honneur, méprisables, & méchans, afin que dans cette corruption générale le Prince ne parût pas pire que les autres ; & qu'aucun homme n'eût assez de crédit & de vertu pour se faire craindre au Tyran. La Politique de ces Princes étoit autant absurde qu'abominable, & leur destinée devint un avertissement aux Princes & aux Sujets de se garder de suivre leur pernicieux exemple.

Les hommes ne peuvent rien où Dieu refuse sa bénédiction, dit *Selden.*

En appuyant sur la nécessité de donner un bon exemple je n'entends pas qu'un Prince se prive de tout divertissement & de tout plaisir, mais seulement de ceux qui tendent à corrompre les mœurs de la Nation. Les Sujets n'ont rien à voir aux plaisirs du Prince qui ne leur font aucun tort. La plupart des grands & des bons Princes ont été gens de plaisir, ce penchant vient généralement parlant d'un grand fonds d'esprit & de vivacité. Il n'importe pas même jusqu'à quel point ils l'aiment, pourvu qu'ils le recherchent sans choquer la bienséance, & qu'ils ne négligent pas leurs fonctions. L'Empereur *Titus* qui fut appellé les delices du Genre humain, étoit porté à la galanterie, mais ses amourettes ne firent jamais de tort à ses occupations. Il est vrai, dit *Tacite*, que ce jeune cœur plein de passion ne regardoit pas Bérénice d'un œil indifférent, mais il ne négligea rien pourtant & ne se relâcha point sur la conduite des affaires qu'on lui avoit confiées, & sur son devoir. *Vespasien* son Pere avoit le même tour d'esprit, il aimoit les plaisirs & l'enjouement, mais il gouvernoit l'Empire avec attention. *Trajan* aimoit à boire, & à prendre d'autres plaisirs, & il étoit cependant fidéle Administrateur de l'Empire. *Adrien* aimoit les divertissemens, & ne négligea pourtant jamais les affaires. *Solon*, ce Sage par excellence, ce digne Législateur, ne fit aucun scrupule d'avouer son penchant pour le sexe, pour la Musique & pour le vin : dans un âge avancé même il n'en perdit pas le goût, & n'en avoit point de honte.

Fin du Tome II.

TABLE
DES
DISCOURS
ET DES
SECTIONS
Contenus dans le Tome II.

DISCOURS I.

De l'avilissement universel des esprits & de la flatterie qui accompagne le pouvoir sans bornes.

Sect. I. *Réfléxions sur les motifs de la flatterie, combien elle est méprisable, & quelle en est la source.* page 1
Sect. II. *Les hommes de cœur ne pouvant*

souffrir un Gouvernement arbitraire cela les rend suspects. Les hommages qu'on lui rend ne sont point sincéres, ils sont quelquefois nécessaires, mais rarement les contient-on dans des bornes raisonnables. 14

SECT. III. *Pouvoir exorbitant des Affranchis des Empereurs. Soumission scandaleuse des Romains à leur égard, & les honneurs qu'ils leur conferoient.* 19

SECT. IV. *Flatterie excessive du Sénat, combien elle étoit peu judicieuse.* 26

SECT. V. *Le Jugement libre & impartial de la Postérité doit être un avertissement aux Souverains de régner avec modération, & de détester les flatteurs. Comment on traite aujourd'hui la mémoire & le nom des Tyrans de Rome.* 28

SECT. VI. *Manière déplorable dont les Princes sont enivrés, & égarés par la flatterie.* 34

SECT. VII. *But pernicieux des conseils flatteurs; véritable gloire attachée à ceux qui sont sincéres.* 38

DISCOURS

DISCOURS II.

Sur l'esprit des Cours.

Sect. I. *De la Liberté des Discours, combien elle est raisonnable.* 47

Sect. II. *Génie des gens de Cour: il y en a qui ont de la probité.* 52

Sect. III. *Artifices des Courtisans; leur circonspection: & ses causes.* 57

Sect. IV. *Des Rapporteurs & des médisans des Cours. Combien la finesse s'éloigne de la prudence.* 66

Sect. V. *Combien les gens de néant fourmillent dans les Cours, & pourquoi.* 74

Sect. VI. *De l'inconstance & du peu de bonne foi des gens de Cour.* 83

DISCOURS III.

Sur les Armées & les Conquêtes.

Sect. I. *Combien l'entretien des grandes Armées est à charge & dangereux.* 88

Sect. II. *Si les grandes Armées bien disciplinées sont moins à craindre dans un Etat que celles qui ne le sont point. Leur esprit & leurs vûes.* 91

SECT. III. *Les Princes dont le Gouvernement est fondé sur la puissance Militaire sont toujours à la discrétion de leurs Troupes.* 96

SECT. IV. *Exemples de l'insolence & de la cruauté de la Soldatesque Romaine.* 101

SECT. V. *Combien l'esprit de conquête est vain, imprudent & pernicieux.* 105

SECT. VI. *Suite des Réflexions sur l'imprudence de l'Esprit de conquête.* 112

DISCOURS IV.

Des Empereurs qui font le sujet de l'Histoire de *Tacite*, de leurs Ministres, de leurs infortunes, & des causes de leur chute.

SECT. I. *Idée du règne de* Neron, *avec quelle douceur il commença & combien il devint Tyrannique: séduction de la prospérité.* 121

SECT. II. *Foiblesse de* Galba, *& injustices de ses Ministres.* 126

SECT. III. *Imprudence grossiere des mesures criminelles suivies par ces Ministres. Combien elles leur portérent de préjudice de même qu'à l'Empereur.* 130

SECT. IV. *Aveuglement de* Galba *dans*

la confiance sans bornes qu'il avoit pour ses favoris, qui par leur méchanceté firent avorter son autorité & leurs espérances. 137

Sect. V. *Entêtement de ceux qui sont revêtus d'un grand pouvoir, ils s'imaginent que leur autorité ne doit jamais finir, & cette sécurité leur fait suivre la pente de leurs passions. Exemple de cela. Mauvais Ministres combien dangereux.* 143

Sect. VI. *Les Princes foibles ou mauvais profitent rarement de l'habileté de leurs bons Ministres, ils aiment mieux les flatteurs, & ceux-ci font échouer les bons avis des autres.* 149

Sect. VII. *Combien il est difficile & dangereux à un homme de mérite de servir un méchant Prince.* 155

Sect. VIII. *Combien il est naturel sous le régne des méchans Princes de soupirer après un changement : la differente maniére dont ils sont regardés pendant leur vie & après leur mort. Sur quoi un Prince doit sur toutes choses mettre sa confiance.* 160

B b ij.

DISCOURS V.

De la Concurrence qui se forme entre les Ministres d'un Prince, & de leur corruption. Mauvais effet de l'indolence dans un Prince.

SECT. I. *Mésintelligence entre les Ministres combien fatale à leur commun Maître.* 164

SECT. II. *Un Prince indolent devient aisément la proie des plus malhonnêtes gens qui deshonorent son administration, & jettent les Sujets dans l'indignation. Corruption étonnante de ces pestes de Cour.* 169

SECT. III. *Combien le Gouvernement d'un Prince indolent peut devenir préjudiciable quelque porté qu'il soit à ne point faire de mal. Dans quel mépris on le voit tomber.* 175

SECT. IV. *Combien un Prince obsédé par de mauvais Conseillers fait des progrès dans le mal.* 180

DISCOURS VI.

De l'Oeconomie des Finances.

Sect. I. *Prodigalité des Empereurs : ses terribles conséquences à l'égard du Public, nommément la tyrannie, les meurtres & l'oppression.* 185

Sect. II. *Il n'y a que les pires de tous les hommes qui ayent part aux libéralités d'un Prince prodigue, & ils en excluent les honnêtes gens. Combien la dissipation d'un Prince est ruineuse à lui & à l'Etat.* 191

Sect. III. *Dissipation des finances. Elle tend à produire des émeutes populaires, & des Guerres civiles. Combien les hommes s'aiment mieux que le Public. La dissipation n'aboutit ordinairement à rien de bon.* 196

Sect. IV. *Combien l'épargne convient à un Prince prudent ; malheurs inévitables où tombent ceux qui sont prodigues.* 200

Sect. V. *Comparaison des effets de l'Oeconomie, & de la dissipation des deniers publics. Les Princes qui tombent dans l'embarras par leurs profusions n'ont de ressource ni dans le cœur ni dans la bourse*

se de leurs Sujets. 207
SECT. VI. *Les plus grands revenus ne sauroient fournir au mauvais ménage. Combien le défaut d'œconomie est fâcheux au Peuple & pernicieux à l'Etat. Quelle est la vraie libéralité d'un Prince. Esprit méprisable des Casuistes flatteurs.* 213
SECT. VII. *Oeconomie du Thresor public, combien avantageuse à tous les Membres de l'Etat, blâmée seulement par peu d'entr'eux: Gratifications publiques mal-appliquées, combien honteuses.* 221

DISCOURS VII.

Des Souverains.

SECT. I. *Quel est le devoir d'un Prince. Motifs qui le portent à être bon, & à se contenter d'une autorité limitée: celle des Empereurs Romains l'étoit.* 226
SECT II. *Sagesse du Gouvernement conforme aux Loix. Nulle autorité juste sans la Loi. Le Gouvernement juste veut du Jugement. Un simple vaurien est capable d'exercer la Tyrannie. Un honnête homme n'est point épris d'un pouvoir sans bornes.* 231
SECT. III. *Combien est aimable le cara-*

éléve d'un bon Prince qui gouverne selon la justice & les Loix ; qui aime & qui soulage ses Sujets. 236

SECT. IV. Tour d'esprit méprisable, & infamie des Princes qui se croyent au-dessus des Loix, & indépendans de leurs Sujets. 241

SECT. V. Les Princes qui aspirent au pouvoir arbitraire, ou qui l'ont acquis, l'exercent rarement eux-mêmes. Leurs Ministres, & leurs Créatures gouvernent tout en général. 246

SECT. VI. La fantaisie arbitraire des Favoris devient souvent la Loi unique d'un Prince arbitraire & tyrannique. Combien les Favoris sont portés à abuser de son autorité & enfin à l'abandonner. 252

SECT. VII. Les Princes responsables des oppressions qui se commettent sous leur nom. Leurs Ministres sont en général du caractére du Maître, bons ou mauvais. Une autorité limitée est plus assurée pour les Princes & pour les Ministres. Les meilleurs Ministres exposés au blâme, & aux murmures. 256

SECT. VIII. Avantages que retirent les Princes & les Ministres des Loix en vigueur, expliqués plus au long. Egards que les Princes devroient avoir pour le *nom qu'ils laisseront après eux, combien ils doivent craindre l'infamie.* 262

SECT. IX. *Les Princes indolens ne parviennent que rarement à acquérir de l'habileté. Combien il leur importe de s'appliquer aux affaires pour leur propre avantage & pour celui de leur administration.* 267

SECT. X. *Les Princes les plus méprisables & les plus méchans ont coutume de se regarder comme les plus sacrés & de prétendre aux attributs de la Divinité.* 275

DISCOURS VIII.

Continuation du même sujet.

SECT. I. *Exemple du Prince, sa force, lorsqu'il est bon: combien avantageux aux Sujets, & au Prince lui-même.* 278

Fin de la Table du Tome second.

www.ingramcontent.com/pod-product-compliance
Lightning Source LLC
Chambersburg PA
CBHW070737170426
43200CB00007B/560